JN057398

イタリア語

無料音声
ダウンロード付

基本単語

使い分けブック

アンナ・エスポジト
Anna Esposito

武田明子
Akiko Takeda

ベレ出版

はじめに

　名詞・動詞・形容詞…辞書を引くとたくさんの意味が並んでいますね。でも、場面にふさわしい言い方、単語の選び方を習うのはたいへんです。

　私たちは、この本を、学ぶ人・教わる人の目線・立場で書きました。よく使う単語について学ぶ人が一番知りたいこと———日常生活でどう使われ、どんな意味なのか、どう使い分けるのか、どんな文の組み立て方をすればいいのか、どんな気持ちを込めているのかを、解説しています。

　イタリア語の基礎的な文法をひととおり終えて、中級以上へステップアップしようとしている方はもちろん、単語を多角的に理解し直したい上級者の方にとっても、それぞれのレベルに合わせた発見がある本だと思います。

　最後に、ご多忙にもかかわらず、出版の縁をつないでくださった佐藤徳和様、資料その他でご協力を賜りましたイタリア語検定協会の岩崎保順様、そして私たちの本を作っていく際にお力添えを下さった方々に感謝を申し上げます。

　作っていく過程でも、たくさんの発見と気づきがありました。

　「知っていると思っていた単語」の再発見の旅へ、Buon Viaggio!

Anna Esposito
（アンナ　エスポジト）

武田　明子

こんな本です

● 単語の意味を覚えただけでは使えない？

　単語の意味は覚えたつもり。でも、いざ使いたいとき、いまひとつぴったりくる言葉が見つからない。あるいは、文章を読むとき、辞書にある意味ではなんとなく違う気がする。

　単語の意味を日本語に置き換えて覚えただけでは、なにかが足りない、そんな経験はありませんか？そんなときに広げてもらう本として、この本は生まれました。

● 例文＋イメージが単語の理解に効く！

　足りないのは、意味の広がりとして語句の意味を理解すること。そのためには、生きた例文をたくさん読んで、どんな場面でどんな気持ちのときに使う言葉なのか体感することが必要です。例えば、infatti という言葉には、その訳語の「実際」という日本語を見ただけでは分からない深さとニュアンスがあります。

　また、似た意味の単語については、図やイラストで意味の範囲や使い分け方を示し、イメージとしてわかるようにしました。

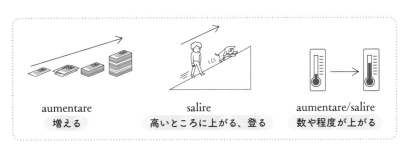

aumentare
増える

salire
高いところに上がる、登る

aumentare/salire
数や程度が上がる

● こんな工夫でわかりやすく！

辞書に載っていない新しい言葉でも、現在広く使われているものはできるだけ取り入れるようにしました。

また、会話表現にも力を入れました。そのままだと理解しにくいイタリア語の強調表現は、会話の文脈で理解できるようにしました。

さらに、それぞれの単語に関わる慣用句やことわざを多く載せ、意味の成り立ちや結びつきを理解することで覚えやすくしました。

● 耳からも例文をインプット

例文には音源をつけました。耳から入った情報を何度も繰り返すことで、脳内にイタリア語を話す回路が作られます。単語の知識を得るだけでなく、使いこなすためには非常に効果的な方法です。特に会話表現については、音声を聴くことでイントネーションや言い方のニュアンスがより理解できるでしょう。

また、印象深くストーリー性をもって覚えられるよう、主な登場人物4人を設定しました。例文を読み進めていくと、彼らの人物像や将来が見えてくるかも…?

＊＊＊＊注意＊＊＊＊

本書で扱う単語については、よく使われる意味を取り上げて比較したり使い方を説明したりしています。取り上げた意味以外の意味がある場合があります。

ある単語がいくつかの異なる品詞として使われる場合がありますが、本書ではよく使われる品詞としての使い方を説明しています。

audiobook.jp 音声ダウンロード方法（PC、スマートフォン）

① PC・スマートフォンで音声ダウンロード用のサイトにアクセスします。QR コード読み取りアプリを起動し、下記 QR コードを読み取ってください。QR コードが読み取れない方はブラウザから「http://audiobook.jp/ exchange/beret」にアクセスしてください。

② 表示されたページから、audiobook.jp への会員登録ページに進みます。
※音声のダウンロードには、audiobook.jp への会員登録（無料）が必要です。
※既にアカウントをお持ちの方はログインしてください。

③ 会員登録後、シリアルコードの入力欄に LLLtSRbc を入力して「交換する」をクリックします。クリックすると、ライブラリに音源が追加されます。

④ スマートフォンの場合はアプリ「audiobook.jp」をインストールしてご利用ください。PC の場合は、「ライブラリ」からご利用ください。

〈ご注意〉
・ダウンロードには、audiobook.jp への会員登録（無料）が必要です。
・PC からでも、iPhone や Android のスマートフォンからでも音声を再生いただけます。
・音声は何度でもダウンロード・再生いただくことができます。
・書籍に表示されている URL 以外からアクセスされますと、音声をご利用いただけません。URL の入力間違いにご注意ください。
・ダウンロードについてのお問い合わせ先：info@febe.jp（受付時間：平日の 10 ～ 20 時）

MP3 音声ファイルのダウンロード方法（PC）

①「ベレ出版」ホームページ内、『[音声 DL 付] イタリア語 基本単語使い分けブック』の詳細ページにある「音声ダウンロード」ボタンをクリックします。

② ダウンロードコード LLLtSRbc を入力してダウンロードします。
※ MP3 携帯プレイヤーへのファイル転送方法、パソコンソフトなどの操作方法については、メーカーにお問い合わせいただくか、取扱説明書をご参照ください。

Sommario

第 2 章 形容詞・副詞・接続詞
aggettivi, avverbi e congiunzioni

第3章　名詞 nomi

第 1 章

動詞
verbi

vedere/guardare （見る）

二つの「見る」を使い分けよう！

〔関連語 vista/ sguardo〕

　どちらも日本語では「見る」という意味で覚えていませんか？ vedere と guardare の基本的な違いは、vedere は「とくに注意を向けることなくものが目に入る、意識せずに普段やっている行為」であるのに対して、guardare は「注意して観察しようとする、なにかを理解しようとする行為」であることです。たとえば、とくに意識せずに目の前に風景が「見える」という場合は vedere を使います。反対に、一生懸命「目を凝らしている」のに何も見えない、という場合は guardare がふさわしいでしょう。

vedere の基本的意味は目で認識する　　　**guardare** は注目する

ものが目に入ってくるイメージ

目を向けるイメージ

vedere（見る・見える・会う）

vedere は「ものが目に入る→見える」、「視界に入る物事を見物する」、の意味につながっていきます。また、人に会う場合の「会う」も vedere を使います。

● 展覧会・お芝居・映画を観る

1. Ieri, per la prima volta, ho visto uno spettacolo teatrale all'aperto. Stupendo! E che bravi gli attori!

   昨日、野外劇というのを初めて観ました。
   素晴らしかった！役者もよかったよ。

2. Mio padre, spesso, vede film d'azione.

   父はよくアクション映画を観ます。

● 会う　=incontrare

3. Di solito vedo i miei amici il fine settimana.

   週末はたいてい友達と会います。

   > お互いに会うという意味です。

4. Allora, ragazzi, ci vediamo alle cinque davanti alla stazione, va bene?

   では　みなさん、5 時に駅の前で会いましょう。OK ?

● 見える

5. Fiorella, che cosa vedi là, a sinistra? Un bar o un ristorante?

   フィオレッラ、あっち、左に何が見える？バール？それともレストラン？

6. Vedete quelle due ragazze lì alla fermata dell'autobus? Sono mie compagne di classe.

   あそこのバス停にいる二人の女の子が見えますか？私と同じクラスの子たちです。

non vedere l'ora di + 不定詞 　　待ち遠しい

「いつなのか時間が見えない→時間が想像できない→待ち遠しい」

☞ vedere は「頭の中に見える」、つまり「想像したり予想したりする」という意味も持っています。

Sono felicissima! Vado in Italia a marzo e non vedo l'ora di partire.

最高に幸せ！3月にイタリアに行くの。出発が待ちきれないわ。

vedere (tutto) rosa 　　楽観的に見る
vedere (tutto) nero 　　悲観的に見る

Per Franco sono tutti buoni e gentili e pensa anche che presto non ci saranno più guerre e fame. «Ma dove vivi?» gli ho detto «Vedi tutto rosa!» E lui mi ha risposto: «Sei tu che vedi tutto nero, pessimista!»

フランコにとってはすべての人が善良で親切であり、そのうちに戦争も飢えもなくなるだろうとも思っている。私は言ってやった。「いったいどこに住んでいるの？すべてを楽観的に見るのね」彼は答えた。「君はすべてを悲観的に見るんだね。ペシミスト！」

vista 名 (f) 見ること・視力・眺め

Mio nonno, anche se ha ottant'anni, ha una vista molto buona.

私の祖父は80歳なのに非常に視力がよい。

La vista dal terrazzo di casa mia è fantastica.

うちのテラスからの眺めはすばらしい。

guardare（見る・目を向ける・眺める）

guardare は目を向けるという行為を表し、見つめる、見続けるという意味を含みます。また、画面をじっと見るという場合も guardare が使われます。

● 注意して見る、目を向ける

7. **Guardiamo** sempre a destra e a sinistra quando attraversiamo la strada.

   いつも右と左を見てから、道を渡りましょう。

8. **Guardate** le figure e raccontate la storia.

   絵を見て、ストーリーを語ってください。

9. Lia, **guarda** che bel tramonto!

   リア、見て、ほら、きれいな夕日！

● テレビやスマートフォン・時計などの画面を見る

10. Ragazzi, non **guardate** la TV troppo da vicino, fa male agli occhi!

    みんな、テレビを近くで見てはいけません。目に悪いよ。

11. Luca **guarda** sempre lo smartphone e non vede altro.

    ルカはいつもスマートフォンを見ていて、それ以外のものが見えていない。

sguardo 名 (m) まなざし・視線

Ho dato solo uno sguardo al contratto, non ho avuto il tempo di leggerlo con attenzione.

契約書に目を通したが、じっくり読む時間はなかった。

Uno sguardo può dire più di una parola.

目は口ほどにものを言う。

sentire/sentirsi と ascoltare （聞く / 聴く）

聞くと聴く、どう違うの？

〔関連語 senso〕

　　sentire は視覚以外で「感じること」を広く表します。とりわけ、「耳で聞こえる」という意味になります。

　　ascoltare は意識して耳を傾けて聴く、の意味です。vedere と guardare の関係と似ています。sentirsi, sentirci という形では、意味が少し違ってくるので気をつけましょう。

sentire　　　　　**ascoltare**

○ **sentire** （聞こえる・感じる）

複合時制
avere + sentito

sentire は「音を耳で感じる」、「音が聞こえてくる」ことを意味します。さらに、音だけでなく、「嗅覚、触覚、味覚などや身体で感じ

る」、という意味にもつながっていきます。

　また、「聞こえる」という意味から発展して、「だれかについての話を耳にする」、つまり「近況を聞く」、という意味にもなります。

● 聞こえる（聴覚で感じる）

1. Luca, quando chatta, non vede e non sente niente.

   ルカはチャットするとき、何も見えず何も聞こえなくなる。

2. Sento un rumore. Che cos'è?

   物音が聞こえる。なんだろう？

3. Ieri sera ho sentito la musica lontana di un pianoforte.

   昨晩は遠くのピアノの音が聞こえた。

● （sentirci の形で）耳が聞こえる

4. Mia nonna nonostante l'età ci sente benissimo.

   私の祖母は年にもかかわらず耳がよく聞こえる。

● 嗅覚、触覚、味覚などの感覚や身体で感じる

5. Sento un profumino delizioso. Che cosa hai cucinato?

   おいしそうなにおいがする。何を料理したの？

6. - Sente freddo, Signora Merli?

   メルリさん、寒いですか？

7. Signora, senta la morbidezza di questa maglia.

   奥様、このセーターの柔らかさを触って感じて下さい。

8. Sento un sapore un po' aspro. Hai messo il limone sull'insalata, vero?

   少し酸っぱい味がする。サラダにレモンをかけたでしょ？

● 人・物事についての近況を聞く

9. - Hai sentito Paola ultimamente?

   - No, non la sento da un mese.

   最近パオラから連絡あった？
   いや、この１ヶ月音沙汰がないよ。

10. Avete sentito che Franco ha una nuova ragazza?

    フランコに新しい彼女ができたって聞いた？

● 注意を引くための呼びかけとして

11. Senta, scusi, sa dov'è la posta?

    ちょっとすみません、郵便局はどこかご存じですか。

12. Senti, ti mando una mail stasera per confermare, va bene?

    ねえ、今夜確認のメールを送るよ。いい？

● ～という感じがする

sentire di + 不定詞（主節の主語が不定詞の主語と同じ場合）
sentire + che（主節と主語が違う場合）

13. Sento che qualcosa non andrà bene.

    なにかがうまく行かないような気がする。

14. Il nonno sentiva che suo nipote sarebbe diventato famoso.

    祖父は、孫が有名になるだろうと感じていた。

15. Luca sente di non riuscire a superare l'esame di guida; ha fatto troppa poca pratica.

    ルカは、運転免許の試験に受からないだろうと感じている。ほとんど練習しなかったからだ。

○ **sentirsi**（身体的・精神的に気分が～である）

「自分を～と感じる」→「～の気分である」という意味です。

16. Oggi non mi sento molto bene e torno a casa prima del solito.

今日はあまり気分がよくないからいつもより早く帰ります。

17. In estate, di solito, Franco si sente in forma ed è così attivo a ... divertirsi!

フランコは、夏はたいてい元気いっぱいなので、活動的に遊びまくっているのだ。

18. Ieri sul treno una persona si è sentita male ed il treno è rimasto fermo per un quarto d'ora.

きのうは車内で気分が悪くなった人がいて、15分ほど電車が止まっていた。

19. Martina si sente giù perché il suo lavoro non va molto bene.

マルティナは、仕事がうまく行かないので落ち込んでいる。

慣用句&ことわざ

sentire la mancanza di　～がいないのをさびしく感じる

Franco ： Ma, Luca sente la mancanza della sorella in Giappone?

Martina : Chi? Luca? Lui sente solo la mancanza del suo smartphone quando dorme!

Franco ： Cattiva!

ルカは妹が日本にいてさびしいのかな？
ルカのこと？彼は寝るときにスマートフォンがないとさびしいだけだよ！
いじわるだな！

senso 名 (m) 感覚・意味

I cinque sensi umani sono la vista, l'udito, il gusto, l'olfatto e il tatto.

人の五感は視覚、聴覚、味覚、嗅覚、そして触覚です。

---

ascoltare （聴く・耳を傾ける）

複合時制
avere + ascoltato

　基本的な意味は、「意識して音を聴こうとする」ことです。そこから、人の忠告や助言に耳を傾ける、言うことを聞く、という意味にもなります。

● 聴く

20. Ascolto sempre la radio la mattina mentre faccio colazione.

朝はいつも、朝食を食べながらラジオを聴きます。

21. Martina ascolta la musica classica prima di andare a letto.

マルティナは寝る前にクラシック音楽を聴く。

22. È importante ascoltare tanto per parlare bene una lingua.

言葉をうまく話すには、たくさん聴くことが重要です

● 耳を傾ける・助言や忠告に従う

23. Martina non ascolta mai nessuno: è testarda!

マルティナは誰にも耳を貸さない。頑固者！

24. Non ha ascoltato i consigli di suo padre e, adesso, è senza soldi.

あいつは父親の忠告を聞かなかったので、今は一文無しだ。

慣用句&ことわざ

ascoltare a bocca aperta

口を開けたまま聴く→唖然として聴く、夢中で聴く

Luca ascolta a bocca aperta il racconto del viaggio avventuroso di Franco nella foresta amazzonica.

ルカはフランコのアマゾン冒険旅行の話を唖然として聴いている。

Paola ascolta a bocca aperta quando parla il suo attore preferito.

パオラは好きな俳優が話しているとき夢中で聴いている。

ascoltare と sentire

In classe Luca non ascolta l'insegnante, è preoccupato per Pepe (il suo cagnolino) che non sta bene.

ルカは授業中、教師の話を聞いていない。具合の悪い飼い犬のペペのことが心配なのだ。（注意して耳を傾けていない）

Luca non sente l'insegnante perché il suo vicino russa troppo forte.

ルカは教師の話が聞こえない。なぜなら隣の生徒がとても大きないびきをかいているからだ。（環境のせいで聞こえない）

sentire と sentirci

Scusi, può parlare più forte? La linea è disturbata e non La sento bene.

すみません、もっと大きな声で話してくれますか？電話に雑音が多くてあなたの声がよく聞こえません。（環境のせいで聞こえない）

Scusi, può parlare più forte? Sa, a causa dell'età non ci sento più bene come una volta.

すみません、もっと大きな声で話してくれますか？ご覧の通り年のせいで昔のようには聞こえないのです。（聴く能力が衰えている）

finire/smettere （終える / やめる）

三日坊主はどっち？

〔関連語 alla fine, infine, finalmente / smettila, smettetela〕

　　finire は「ものごとを終わらせる、最後までやる」というのが基本的な意味です。「中断する」という意味の smettere と使い分けましょう。

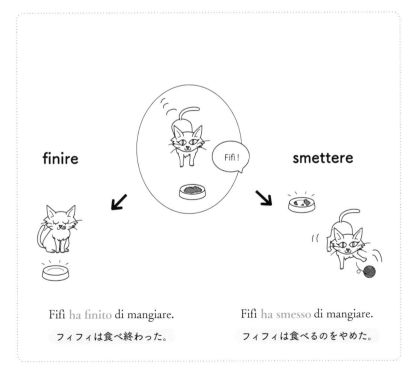

finire

smettere

Fifi !

Fifi ha finito di mangiare.

フィフィは食べ終わった。

Fifi ha smesso di mangiare.

フィフィは食べるのをやめた。

finire （終える・終わる）

複合時制
avere + finito または essere + finito/a/i/e

● finire + 名詞　〜を終える

1. Luca ha finito il lavoro prima del solito.

   ルカはいつもより早く仕事を終えた。

2. Domani finisco la lezione alle tredici.

   明日は 13 時に授業を終えます。

3. Ieri abbiamo finito in ritardo la riunione.

   昨日は会議を終えるのが遅くなりました。

● 〜が終わる

☞自動詞としての用法なので、複合時制の助動詞は essere を取ります。

4. Quando cominceranno e quando finiranno le Olimpiadi?

   オリンピックはいつ始まっていつ終わるのですか？

5. Le vacanze invernali a scuola sono finite domenica scorsa.

   学校の冬休みはこの前の日曜日に終わりました。

6. La festa è finita verso le 21.

   パーティーは 21 時頃に終わった。

● finire di + 不定詞　〜をし終える

7. Ieri abbiamo finito di cenare tardissimo.

   昨日はとても遅くに夕飯を食べ終えました。

8. Di solito mia moglie finisce di lavorare verso le 18.

   妻はいつもは 18 時頃に仕事を終えます。

● 使い切る

9. Sono finiti i dolci, vero?

   デザートは食べきってしまったのね？

10. Devo comprare il latte, è finito.

    牛乳を買わなくちゃ、切れちゃった。

11. Martina, ho finito il mascara. Posso usare il tuo?

    マルティナ、私、マスカラを使い切っちゃった。あなたのを使ってもいい？

関連語

alla fine 最後に・結局   alla fine di ～の終わりに

Il signor Magni ha viaggiato tanto ed alloggiato in tanti
alberghi di lusso. Ma, alla fine, ha capito che la propria
vecchia casa nel vecchio quartiere della città è il posto migliore.

マニ氏はたくさん旅をし、たくさんの豪華なホテルに泊まった。しかし結局、自分の馴染みの街角の馴染みの家が一番いい場所だと分かった。

Alla fine del corso di italiano, abbiamo fatto una piccola festa.

イタリア語のコースの最後に、小さなパーティーを開きました。

infine 最後は、しまいには

alla fine と似ていますが、一連の行動の最後に使います。

Ieri ero stanchissima: ho lavorato tutto il giorno, sono andata
in palestra e poi da mamma per insegnarle il computer, ed
infine [alla fine] tornata casa, sono andata a letto senza cena
perché il frigo era vuoto.

昨日はくたくただった。一日中仕事をして、ジムに行き、母の所に行ってコンピュータを教え、しまいには、家に帰ると冷蔵庫が空っぽだったので夕飯もとらずに寝た。

finalmente　ついに・とうとう・やっと

よい意味のときだけ使います。ほっとした気持ちが暗に含まれます。
ついにやった、といううれしい気持ちがあるときに使います。

Finalmente le vacanze sono cominciate.

やっと休暇が始まりました。

Finalmente ho finito di fare quella traduzione difficilissima.

とうとう、あの難しい翻訳をやり終えました。

注意

infine と finalmente の意味の違い

Che disastro ieri sera! Giorgio è venuto per la prima volta
a cena a casa mia. Il dolce si è bruciato, la mia gattina ha
miagolato per tutto il tempo ed infine [alla fine] ho
macchiato i suoi pantaloni di lino chiaro con il caffè.
Addio a Giorgio ed al suo bel sorriso!!

昨日はなんてひどい夜だったんでしょう…ジョルジョが初めてうちに夕食を食べに
来たというのに。ケーキは焦げるし、猫はずっとニャーニャー鳴いてるし、しまい
には私、彼の薄色の麻のパンツにコーヒーをこぼしちゃったの。さよならジョル
ジョ、さよなら彼の笑顔…

▶上の文の infine のところで finalmente を使うと、コーヒー
　をこぼしたのが嬉しいことのような文になってしまいます。

smettere （中断する・やめる）

smettere は、「中断する」が基本の意味です。一時的な中断の場合も、再開せずやめる場合も、どちらでも使います。

● smettere ＋ 名詞　　～を中断する・やめる

12. Per fortuna i benzinai hanno smesso lo sciopero e possiamo fare benzina.

幸い、ガソリンスタンドの従業員がストライキをやめたので、ガソリンが入れられる。

13. Paola ha smesso la dieta dimagrante perché si sentiva troppo debole.

体力の低下を感じたため、パオラはダイエットを中断した。

● smettere ＋ di 不定詞　　～するのをやめる・断つ

14. Franco ha smesso di fumare per amore della sua nuova ragazza che odia le sigarette.

フランコは、煙草の煙がキライな新しい彼女のために禁煙した。

15. Paola ha deciso di smettere di spendere troppi soldi per i vestiti.

パオラは服にお金を使いすぎるのをやめようと決心した。

16. Luca smetterà mai, anche se solo per un giorno, di guardare il suo smartphone?

ルカはたとえ一日たりともスマートフォンを見るのをやめないのだろうか？

比べてみよう！

finire と smettere

Luca ha finito il lavoro prima del solito.

ルカはいつもより早く仕事を終えた。

Paola ha smesso quel lavoro perché non le piaceva.

パオラは、気に入らなかったのであの仕事を辞めた。

関連語

smettila（相手が tu のとき）/smettetela（相手が voi のとき）

やめろ！やめなさい！

命令法で、la は強調のために入っています。会話に限ってよく使われます。

Franco, smettila di dire stupidaggini!

フランコ、バカなことを言うのはやめて！

Smettetela di giocare e studiate!

遊ぶのはやめて勉強しなさい！

dire/parlare （言う / 話す）

何を「言う」かが大事

〔関連語　raccontare/ chiacchierare〕

　イタリア語の dire は「言う」、parlare は「話す」と考えればほぼ間違いないでしょう。

　どちらも言葉を発する行為ではありますが、dire は「〜と言う」の意味で、言葉などを目的語にとります。また、聞く相手がいなくても成立する行為です。それに対して parlare は聞き手に向かって「話す」行為を意味します。

　dire と parlare の典型的な使い方を見てみましょう。

dire

言う内容に焦点があたっている

Paola dice "Ciao!"

パオラはチャオ！と言う。

parlare

話す行為に焦点があたっている

Paola parla con Luca.

パオラはルカと話す。

dire （言う・口にする）

複合時制
avere + detto

　dire は言葉を口に出すというのが本来の意味で、日本語の「言う」に相当します。したがって、「〜（という言葉）を言う」のように目的語を取る使い方が多くなります。また、「意味を表す」などの意味で使われることもあります。

● dire + 名詞　〜を言う

1. Franco non è bravo a dire le bugie.

    フランコは、うそをつくのが上手くない。

2. Bambini, non dite parolacce.

    こどもたち、悪い言葉を言うのはやめなさい。

3. Oggi Paola non ha detto una parola. Strano!

    今日、パオラは一言も言わなかった。おかしいな。

● dire di + 不定詞 / dire + che　〜と言う

> dire di + 不定詞の形は dire の主語と不定詞の主語が同じ場合に使います。異なる場合は che を使います。

4. Luca dice di conoscere tanta gente grazie ai social.

    ルカは SNS のおかげでたくさんのひとたちと知り合っていると言う。
    ※ i social = SNS

5. Martina ha detto che è un film bellissimo.

    マルティナは、とても素敵な映画だと言った。

● 人に尋ねるとき

6. Mi dici l'ora, per favore?

    今，何時か教えてくれる？

7. Mi sa dire dov'è la stazione?

    駅はどこにあるか教えてもらえますか？

come si dice〜　　〜はなんと言いますか？　なにを表しますか？

-Senti, Luca, come si dice "online" in italiano?

- "In rete". Comunque, anche online si usa molto.

- ねえルカ、「オンライン」はイタリア語でなんと言うの？
- 「In rete」だよ。といっても、「online」もよく使われるけどね。

dire di no/si　　いいえと言う・否定する / はいと言う・肯定する

-Chiediamo a Martina se vuole venire a ballare?

-Chiediamo, ma sono sicuro che dice di no.

- マルティナに踊りに行きたいか聞いてみようか？
- 聞いてみよう、でもきっと行かないって言うよ。

detto fra noi　　ここだけの話だが

Detto fra noi, Franco non è vero che ha smesso di fumare.

ここだけの話だが、フランコが煙草をやめたっていうのはウソだよ。

raccontare 動 語る・話して聞かせる・話す

Racconta un po' perché tuo nonno ha lasciato New York ed è tornato in Italia.

どうしてあなたの祖父がニューヨークを出てイタリアに帰ったのか、少し聞かせてよ。

Luca ha raccontato agli amici la storia del film di animazione che ha visto.

ルカは、見たアニメ映画のストーリーを友達に語った。

parlare （話す）

parlare は「話す」という行為を表します。したがって、直接の目的語は取らないのが基本的な使い方です。ただし、「イタリア語、英語などの言語を話す」という意味の場合はその言語が直接目的語になります。

● 話す（一般的な行為として）

8. Gli occhi non parlano ma dicono tante cose.

目は話さないが、たくさんのことを訴えかける。→目は口ほどにものを言う。

9. Non parlate tutti insieme, non capisco niente!

みんな一斉に話すのはやめなさい、なにもわかりません！

10. Può parlare più lentamente, per favore?

もっとゆっくり話してくれますか？

11. Luca è un tipo che parla poco.

ルカは口数の少ないタイプだ。

● parlare a + 人または con + 人　人に話しかける、人と話す

12. Franco parla con la sua ragazza a telefono ogni sera.

フランコは毎晩電話で彼女と話す。

13. Il professore ha parlato agli studenti con calma e franchezza.

教授は学生たちに、冷静かつ率直に話した。

● **parlare di**　〜について話す

14. Franco parla spesso di calcio o della sua ragazza, mentre Luca preferisce parlare delle novità tecnologiche o del suo cane.

フランコはよくサッカーや恋人について話をするが、ルカは新しいテクノロジーや自分の犬について話す方が好きだ。

● **parlare +（冠詞）+ 言語**　〜語を話す

15. Parli russo, vero?

あなたはロシア語を話すよね？

16. -Che lingue parla Paola?

-Chi? Paola? Parla benissimo il francese e abbastanza bene l'inglese.

- パオラは何語を話しますか？
- パオラのこと？フランス語はとてもうまく、英語はかなりうまく話すよ。

【慣用句&ことわざ】

parlare del più e del meno　雑談する

Con mia sorella a telefono parlo sempre del più e del meno: famiglia, libri, cinema, amici comuni ecc. ecc.

私はいつも姉と電話で雑談する。家族のこと、本、映画、共通の友人のことなど。

parlare a quattr'occhi　二人だけで・内緒で

Martina è insoddisfatta del suo lavoro e vuole parlare a quattr'occhi con il suo capo.

マルティナは仕事に不満があるので上司と二人だけで話したがっている。

chiacchierare 動 おしゃべりする

Martina e Paola chiacchierano per ore e ore senza stancarsi.
Incredibile!

マルティナとパオラは何時間も疲れ知らずでおしゃべりする。信じられない！

abitare/vivere （住む）

住み方いろいろ

〔関連語　abitante, habitat/ vivace, viveri〕

　abitare は日本語の「住む」とほぼイコールと考えていいでしょう。vivere も「住む」という意味で使われますが、基本的な意味は「生きる・暮らす」。vivere は意味によっては近過去を作るときの助動詞に essere を取ることができます。

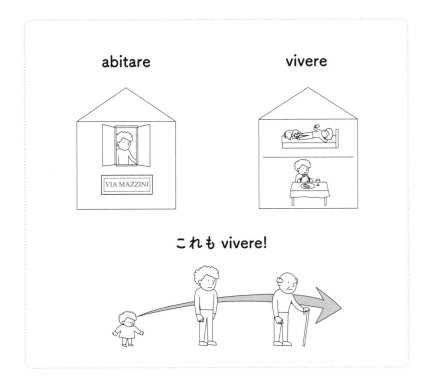

abitare　　　　　　vivere

これも vivere!

abitare （住む）

abitare　住む

1. Franco abita al terzo piano di un palazzo di cinque piani.

   フランコは6階建てのマンションの4階に住んでいる。

   ※イタリアでは日本の1階を pianoterra と呼び、2階が primo piano になります。

2. Paola ha abitato in campagna con i nonni fino a cinque anni.

   パオラは5歳まで、祖父母と田舎に住んでいた。

3. Molti giovani anche se autonomi economicamente abitano ancora con i genitori.

   多くの若者が、経済的には自立しているとはいえ、まだ両親と一緒に住んでいる。

4. Martina preferisce abitare in centro e possibilmente vicino al suo ufficio.

   マルティナは、中心街で、できるだけオフィスの近くに住みたがっている。

5. Dobbiamo ristrutturare la vecchia casa dei miei genitori per poterci abitare.

   両親の古い家を、住めるように改築しなくては。

慣用句&ことわざ

abitare a casa del diavolo　　悪魔の家に住む

＝到達するのが難しいほど遠くに住んでいる＝へんぴな場所に住む

Mio zio abita a casa del diavolo in un paesino isolato di montagna freddo e scomodo e perciò nessuno va mai a trovarlo.

叔父は、寒くて不便な山奥のへんぴな村に住んでいる。だから誰も会いに行かない。

abitante 名 (m)(f) 住民、居住者

Quanti abitanti ci sono in Italia?

イタリアの人口は何人ですか？

L'abitante di quella villa non esce mai di casa.

あの館の住人は家からまったく出ない。

habitat 名 (m) 生息地、居住地

In molti parchi nazionali si cerca di mantenere l'habitat
naturale per le specie di animali che ci vivono.

多くの国立公園では、そこに棲む動物種のために、自然の生息地を維持するよう努めている。

○ **vivere** (生きる・暮らす・住む)

複合時制
avere + vissuto または essere + vissuto/a/i/e

● 住む =abitare

☞ この意味の場合、複合時制の助動詞に essere を取ることができ
ます。

6. Questa è la casa dove ho vissuto [sono vissuta] per tanti
   anni.

   これは私が何年も住んだ家です。

7. Da quando è morto il nonno, mia nonna vive da sola.

   祖父が亡くなってから、祖母は一人で住んでいる。

● 生きる

☞ この意味の場合も、複合時制の助動詞に essere を取ることがで
きます。

8. Le cicale non vivono a lungo.

   セミの成虫は長くは生きない。

9. Secondo il dottore mio padre, nonostante abbia qualche acciacco, vivrà ancora a lungo.

   医者によると、私の父はいくつかの持病はあるものの、もっと長生きするだろう。

10. Il nonno di Martina sembra che abbia vissuto [sia vissuto] per il lavoro.

    マルティナの祖父は仕事のために生きたようにみえる。

11. Molte persone anziane sembrano vivere di ricordi: parlano spesso del passato.

    多くの高齢者が思い出に生きているようにみえる。よく昔のことを話しているからだ。

● 生活する、暮らす

☞ この意味の場合、複合時制の助動詞は avere だけです。

12. Per una famiglia in Italia è difficile vivere nelle grandi città con un solo stipendio.

    イタリアの家庭にとって、大都市で一人分の給料だけで生活するのは難しい。

13. I signori Marchi hanno vissuto sempre lussuosamente, senza parsimonia.

    マルキ夫妻は常に、けちけちせず贅沢に暮らした。

14. Quasi tutte le favole italiane finiscono così:"........e vissero felici e contenti".

    イタリアのおとぎ話は、ほとんどがこんな風に終わります。「……幸せに暮らしましたとさ。」

● ～を過ごす

時間の表現とともに使います。

☞ この意味の場合、複合時制の助動詞は avere だけです。

15. Si vivono giorni frenetici quando la fine dell'anno si avvicina.

目まぐるしい毎日を過ごしていたら、年末が近い。

16. Abbiamo vissuto dei momenti indimenticabili in compagnia dei nostri amici brasiliani.

ブラジルの友達と一緒に、忘れられない時間を過ごしました。

慣用句&ことわざ

vivere d'aria
空気を食べて生きる、生きるためにほんのわずかのものしか必要としない

Sembra che lei viva d'aria: mangia pochissimo!

彼女は空気を食べて生きているみたい。すごく小食なの！

vivere alla giornata
その日暮らしをする、明日のことを考えずに生きる

※ローマ時代の文人ホラチウスによるラテン語の表現、carpe diem も同じ意味です。

Franco vive troppo alla giornata e per questo i suoi genitori si preoccupano per il suo futuro.

フランコは明日のことはまったく考えずに生きているので、両親は彼の将来を心配している。

関連語

vivace 形 生き生きした、鮮やかな

Ieri ho avuto una discussione vivace con i miei colleghi circa la nuova organizzazione della ditta.

きのう、会社の新しい組織について、同僚と活発な議論をしました。

È una bambina allegra e vivace: una vera gioia per la famiglia.

陽気で快活な女の子です。ほんとうに家族の宝です。

Paola preferisce mettere abiti dai colori vivaci nei giorni di pioggia.

パオラは雨の日には鮮やかな色の服を着るのを好む。

viveri 名 (m, p) 食糧、生活物資

Gli elicotteri paracadutarono i viveri per gli abitanti delle zone disastrate.

ヘリコプターは、被災地の住民のために、食糧をパラシュートで投下した。

andare/venire （行く・来る）

行ったり来たり？

〔関連語 frequentare, visitare〕

　イタリア語の andare/venire は、そのまま日本語の「行く・来る」と対応しているわけではありません。andare は「話者から離れた場所に向かう」、venire は「話者あるいは話し相手の方へ向かう」というのが基本的な意味です。

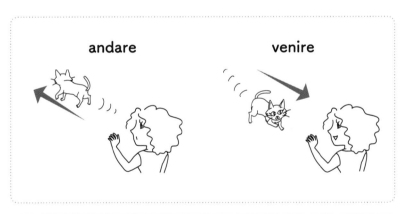

andare　　　　　　　　venire

○ **andare**（行く）

複合時制
essere + andato/a/i/e

● **ある場所に行く**　　andare in, a など〜

1. Paola andrà a Tokyo, a Kyoto e spera anche di avere il tempo per andare in Kyushu.

   パオラは東京、京都へ行くつもりだ。九州へ行く時間もあればいいと思っている。

2. **Sono andata in** libreria ieri pomeriggio, ma non ho trovato nessun libro interessante.

   昨日の午後に本屋へ行ったが、面白い本は見つからなかった。

● andare ＋ da ＋人　人の所へ行く

3. **Andiamo da** Luca domani sera per festeggiare il suo compleanno, vero?

   明日の夜はルカのところへ行って、私たちで彼の誕生日をお祝いするんでしょ？

4. Mentre **stavo andando dal** dentista, ho incontrato il mio ex vicino di casa.

   歯医者へ行く途中、以前隣に住んでいた人に会った。

● andare a ＋不定詞　～しに行く

5. Ieri **sono andata a** fare la spesa per la prima volta al negozio di prodotti biologici vicino a casa mia.

   昨日初めて、家の近くのオーガニック製品の店へ買い物に行った。

   ※ fare la spesa ＝食品や日常品などの買い物をする

6. Quasi ogni sabato io e Paola **andiamo a** fare spese al centro commerciale. È molto conveniente.

   ほぼ毎土曜日、私とパオラはショッピングモールへ買い物に出かけている。とても便利だ。

   ※ fare spese ＝ショッピングをする

7. Domenica **andremo a** prendere i nostri amici all'aeroporto.

   日曜日、私たちは空港へ友達を迎えに行きます。

● うまく行く / なんとかうまく行く

8. Va tutto bene?

   うまく行ってる?

9. Penso che il colloquio di lavoro sia andato molto bene.

   仕事の面接はとてもうまく行ったと思う。

10. (試着したときに店員が) Signora, come vanno le sneakers?

    スニーカーの履き心地はいかがですか?

● ～する気になる
間接代名詞（mi など）+ va di + 不定詞
= avere voglia di

11. Oggi non mi va di andare a scuola.

    今日は学校へ行く気がしない。

12. Ti va di uscire stasera?

    今夜出かけるのはどう?

● andare via　ある場所から離れる

13. Bene, ragazzi, allora, io vado via. Ci vediamo domani.

    ではみなさん、私はもう行きます。また明日。

14. Ma, come? Già andate via?

    どうしたの?　みんなもう帰っちゃうの?

andarsene = andare + si (再帰代名詞) + ne
ある場所から離れる （離れたい気持ちがより強い）

andare via より強い表現で、話し手の気持ち、たとえば「疲れた、飽きた、別のことで急いでいる、他に心配事がある、会いたくない人物に会う、知らせを受けたため行く必要がある」を暗に含んでいます。

15. Ma come? Tra poco arriva il mio ex? Allora me ne vado.

    なんだって？もうすぐ元彼が来るの？じゃあ私は去るわ。

16. Senti, devo andarmene. Ho lasciato la macchina parcheggiata davanti ad un cancello.

    すみません、行かないといけません。門の前に車を停めたままなんです。

andare ＋過去分詞
〜しなければならないという意味を持つ受動態

17. L'olio d'oliva va conservato in un luogo asciutto e buio.

    オリーブオイルは乾燥した暗い所で保管しなければならない。

18. Gli spaghetti vanno mangiati al dente.

    スパゲッティはアルデンテで食べなくてはいけない。

慣用句&ことわざ

andare a tutta birra　　全力で走る

Luca quando si è accorto di aver dimenticato il suo smartphone al ristorante, è andato a tutta birra a riprenderlo.

ルカはレストランにスマートフォンを忘れたことに気がついて、全力で取り戻しに走った。

○ **venire**（来る）

● 話し相手の元へ来る / 行く

19. **Veniamo** noi da te, domani sera, va bene?

   明日の晩は、私たちがあなたのところに行くよ。いい？

20. **Vieni** da me in macchina o a piedi?

   うちに車で来る？それとも徒歩で？

比べてみよう！

venire と andare

Luca è venuto con Pepe dal veterinaio.

ルカがペペを連れて獣医のところに来たよ。

▶この場合は話し手パ
　オラも獣医のところ
　にいます。

逆に、

Luca è andato con
Pepe dal veterinaio.

Luca è venuto con Pepe dal veterinaio.

VETERINARIO

ルカがペペを連れて獣医のところに行ったよ。

▶この場合、話し手パ
　オラは獣医のところ
　にはおらず、外から
　ルカが入るのを見て
　いたことになります。

VETERINARIO

Luca è andato con Pepe dal veterinaio.

● 一緒に行く

21. **Vengono** anche Paola e Martina alla lezione di pilates, vero?

パオラとマルティナも、わたしたちと一緒にピラティスのレッスンに行くんでしょ？

22. **Vengo** anch'io, se non vi dispiace.

もし迷惑でなければ、私もあなたたちと行きます。

● 別の場所からやってくる、由来する、出身である venire + da ～

23. Io sono giapponese, **vengo da** Tokyo, ma Lin **viene dalla** Cina.

私は日本人で東京出身ですが、リンは中国出身です。

24. La parola "a pois" **viene dal** francese. Lo sapevi, vero? E significa "a pallini".

a pois（ア・ポワ）という言葉はフランス語に由来するって知ってた？水玉模様っていう意味なんだって。

● ～しに来る　venire a + 不定詞

25. **Vieni a** prendermi tu all'aeroporto?

あなたが空港まで車で迎えに来てくれるの？

26. **Veniamo a** salutarvi prima di partire.

私たちは出発する前に、あなたたちに挨拶に行きます。

● 到着する

27. Sbrighiamoci che **sta venendo** l'autobus!

急ごう、バスが来てるよ。

28. Ma quando verrà mai la primavera?

いったい春はいつ来るんだろう?

● **venire + 過去分詞** ～される（essere を使った受動態と同じ意味です。）

29. In Giappone il riso bianco viene mangiato con le bacchette.

日本では白米はお箸で食べます。

30. In Italia non tutte le carte di credito vengono accettate.

イタリアではすべてのクレジットカードが受け入れられるわけではありません。

慣用句&ことわざ

venire alla luce　発見される・日の目を見る

Ogni anno in Italia, spesso, durante i lavori di costruzioni, vengono alla luce resti dell'antica Roma.

イタリアでは毎年、しばしば建築作業中に、古代ローマの遺跡が発見される。

関連語

frequentare + 場所 / 人 動 場所・人の元へ通う

Ho frequentato la palestra vicino a casa mia per tre anni.

家の近くのジムに3年通った。

Luca frequenta Franco Paola e Martina da qualche anno.

ルカはフランコ、パオラ、マルティナと数年来の付き合いだ。

visitare + 場所 / 人　動 場所・人を訪れる

frequentare も visitare も
直接目的語を取ります！

L'estate scorsa con i miei ho visitato le maggiori città della
Russia.

去年の夏、家族と、ロシアの主な都市を訪れた。

Andremo a visitare i nostri parenti che vivono a Sidney.

シドニーに住んでいる親戚を訪ねに行くつもりだ。

passare（過ぎる・過ごす）

意味が多「過ぎ」る。

〔関連語 passatempo〕

　passare は「ある場所から別の場所へ行く途中で、ある空間を通り過ぎる」という意味を表します。自動詞だと「通り過ぎる」動作に重きが置かれ、他動詞として目的語を伴うと「〜を通る・通過する」という意味になります。

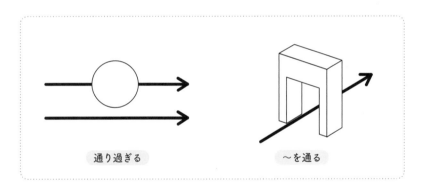

通り過ぎる　　　　　　　　　〜を通る

passare （過ぎる・過ごす）

複合時制 :essere+ passato/a/i/e
または avere + passato

● 通る・通過する

☞この意味では助動詞は essere を取ります。

1. Devo scendere. Lasciatemi
   passare!

   降ります、通して下さい！

2. Se passi per quella strada, fai attenzione alle numerose
   buche nell'asfalto.

   この道を通るときは、アスファルトにたくさんある穴に注意してね。

3. Questo sentiero passa per le montagne e conduce ad un bel
   laghetto.

   この小道は山を通って、美しい湖に通じている。

4. Le pareti del mio appartamento sono molto sottili: passano
   tutti i rumori.

   うちのアパートの壁はとても薄い。音が筒抜けだ。

● 越える

☞この意味では助動詞は avere を取ります。

5. Gli immigrati hanno passato la frontiera senza problemi.

   移民は問題なく国境を越えた。

6. Passato il tunnel, lo spettacolo delle montagne diventa mozzafiato.

トンネルを越えたら、山々の景色が息をのむほどになる。

7. Credo che sia pericoloso passare quel guado con questa pioggia.

この雨の中、あの浅瀬を渡るのは危険だと思う。

● 場所に寄る

☞ この意味では助動詞は essere を取ります。

8. Ieri Paola è passata da casa mia per chiedermi di tenere la sua gattina durante il suo viaggio in Giappone.

昨日、パオラが私の家に寄った。日本への旅行の間、猫を預かってくれと頼まれた。

9. Prima di tornare a casa passo sempre al supermercato per la spesa.

家に帰る前に、いつも買い物のためスーパーマーケットに寄る。

● 時間が過ぎる

☞ この意味では助動詞は essere を取ります。

10. Sono passati più di due anni dal mio ultimo viaggio in Italia.

イタリアへの最後の旅行から二年以上が過ぎた。

11. Il tempo passa velocemente come il fulmine.

時は雷のように速く過ぎる。→光陰矢のごとし。

● 過ごす

☞ この意味では助動詞は avere を取ります。

12. Franco, stranamente, ha passato sabato sera a casa. Possono essere solo due i motivi: o è senza soldi o senza ragazza!

   おかしなことに、フランコは土曜の夜を家で過ごした。理由は二つしか考えられない。お金がないか、彼女がいないか、だ。

13. Luca passa il pomeriggio piacevolmente giocando con il suo cane.

   ルカは犬と遊びながら楽しく午後を過ごす。

● （試験などを）パスする、通過する

☞ 自動詞として使う場合は essere、他動詞として使う場合は avere を取ります。

14. È passato il progetto di legge del governo sul lavoro a contratto temporaneo.

   非正規雇用に関する政府法案が通過した。

15. Luca ha passato gli esami di maturità con il massimo dei voti.

   ルカは、最高点で高校卒業試験にパスした。

passare sopra (a qualche cosa) 大目に見る、見逃す

Paola è molto indulgente con la sua gattina Fifì: passa sempre sopra alle sue birichinate.

パオラは飼い猫のフィフィにとても甘い。いつもいたずらを大目に見る。

passatempo 名 (m) 気晴らし、娯楽、趣味

passare と tempo（時間）とを合わせた単語です。時間を過ごすためにするもの、という意味です。

I miei passatempi preferiti? Giocare a scacchi e leggere i manga.

好きな娯楽ですか？チェスで遊ぶこととマンガを読むことです。

cercare と trovare/trovarsi （探す / 見つける）

「探し」たからといって「見つかる」とは限らない

〔関連語 ricercare, ricerca/ritrovare〕

　trovare は、探した結果、探していたものを見つける、というのが基本的な意味です。それに対して、cercare は、結果として見つかったかどうかはともかく、探している行為を意味します。trovare と混同しがちなので、使い分けましょう。

　再帰動詞の trovarsi は、「ある場所や状況にある、いる」という意味で stare/essere と同じように使われます。

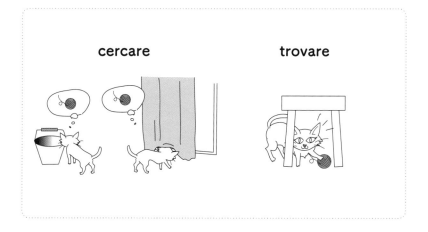

cercare（探す）

複合時制
avere + cercato

何かを探す

1. Cerco un appartamento con un bel terrazzo.

   素敵なテラスのあるマンションを探しています。

2. Martina ha cercato tutto il giorno gli occhiali. Alla fine, sapete dove erano? Nel portaocchiali!

   マルティナは一日中眼鏡を探したんだって。結局、どこにあったと思う？眼鏡ケースの中にあったんだって！

調べる・辞書などを引く

3. Cerchiamo i sinonimi del verbo "cercare" nel dizionario?

   動詞 cercare の同義語を辞書で引いてみましょうか？

4. Cerca, per favore, su internet dove si trova il cinema Gioia?

   ネットでシネマ・ジョイアがどこにあるか探してくれますか？

人を探す

5. Cerco una brava collaboratrice domestica. Ne conosci qualcuna?

   優秀な家政婦を探しているの。だれか知ってる？

cercare + di + 不定詞　～しようと努力する

6. Ragazzi, cercate di fare del vostro meglio all'esame di italiano!

   みなさん、イタリア語の試験では最善を尽くすようがんばってください！

7. Martina cerca di andare d'accordo con tutti, ma non sempre ci riesce.

マルティナはみんなと仲良くするように努めているが、いつもうまくいくわけではない。

慣用句&ことわざ

cercare〔trovare〕il pelo nell'uovo

卵の中の毛を探す→細かいことを気にする、詮索する

Il nostro capo cerca il pelo nell'uovo in ogni cosa!

うちの上司は、なんでも細かいことまで詮索するんだ。

関連語

ricercare 動 新たに探す、調査・捜査する

Hai cercato male. Ricerca con più attenzione.

探し方が悪いよ。もっと注意深く探してみて。

La polizia sta ancora ricercando i rapinatori del colpo in banca avvenuto il mese scorso.

警察は、先月発生した銀行強盗をまだ捜査中だ。

ricerca 名 (f) 何かを発見するための調査・研究、捜索

Luca per la sua tesi di laurea dovrà fare una ricerca sullo sviluppo di internet dagli anni novanta ad oggi.

ルカは、卒業論文のために 90 年代から今日までのインターネットの発展についての研究をしなければならないだろう。

Come si chiama quel motore di ricerca che tu usi sempre?

あなたがいつも使っている検索エンジンはなんて言うんだっけ？

trovare （見つける）

● 〜を見つける

8. Ho finalmente trovato il libro che cercavo da una settimana.

1週間前から探していた本を、ついに見つけた。

9. Chi cerca, trova!

求めよ、さらば与えられん。＝行動すれば報いがある

10. Non trovo le parole per esprimere i miei sentimenti. Spero che capisca ugualmente.

自分の気持ちを表す言葉が見つからない。それでも分かってくれるといいのだけど。

11. Sai, caro, ho trovato un ristorantino proprio carino vicino a casa, ci andiamo una di queste sere?

ねえ、うちの近くにすごくかわいいレストランを見つけたの。近々、夕飯に行ってみない？

12. Sembra che abbiano trovato delle monete molto antiche e pregiate in una vecchia fattoria abbandonata.

使われなくなった古い農場で、昔の貴重なコインを発見したらしい。

● 偶然出会う、出くわす

13. Quando sono arrivato al teatro, ho trovato lì anche un mio amico che non vedevo da anni. Che sorpresa!

劇場に着いたとき、数年ぶりに友人とばったり出会ったんだ。びっくりだよ！

14. Vicino al portone di casa abbiamo trovato nostra madre che chiacchierava con un'amica.

私たちは、家の門の近くで、母が友達とおしゃべりしているのに出くわした。

● 〜だと思う、判断する　trovare + che + 節

15. **Trovo che** sia molto difficile padroneggiare veramente una lingua straniera.

外国語に習熟することはとても難しいと思う。

16. Franco **trova che** questo sia il vino perfetto per una serata perfetta.

フランコは、これが完璧な夕べのための完璧なワインだと思っている。

● trovare + 天候を表す言葉

17. Siamo partiti con la pioggia, ma quando siamo arrivati al mare, **abbiamo trovato** bel tempo, per fortuna.

雨の中出発したが、幸い、海に着いた頃にはいい天気になった。

○ **trovarsi**（いる・ある）

stare/essere と同じ働きをします。

● ある状況にいる、ある

18. **Mi trovo** indietro con il lavoro. Dovrò fare lo straordinario stasera.

仕事がはかどらない。今夜は残業しなくちゃ。

● （場所に）いる、ある

19. Scafati **si trova** fra Salerno e Napoli.

スカファーティはサレルノとナポリの間にある。

● ある感情を覚える

20. Luca non si trova a suo agio in posti dove non conosce nessuno.

ルカは、だれも知り合いがいない場所だと居心地悪く感じる。

慣用句&ことわざ

andare a trovare　～の元へ行く、～のところへ会いに行く
「相手が居る場所へ行って会う」という意味です。

Domenica Paola va a trovare i nonni in campagna che non vede da molto tempo.

日曜日、パオラはずっと会っていなかった田舎の祖父母に会いに行く。

関連語

ritrovare 動 なくしたものを再び見つける・見いだす
（抽象的・具体的な意味で）

Nella nuova compagnia, grazie ai colleghi simpatici, lui ha ritrovato la voglia di lavorare.

新しい会社では、感じのいい同僚達のおかげで、彼は働く意欲を取り戻した。

Abbiamo controllato dappertutto per ritrovare quel documento, ma è stato inutile.

あの（なくした）書類を見つけるためにあちこち確認したが、無駄だった。

restare/lasciare （残る）

残る人去る人

〔関連語 resto, rimanere/ lasciarsi, rilasciare〕

　restare は「ある場所にずっといる」というのが基本的な意味です。lasciare は「何かをそのままにしておく」というのが基本的な意味です。そのままにして自分が去るばあいは「〜から離れる」という意味にもなります。

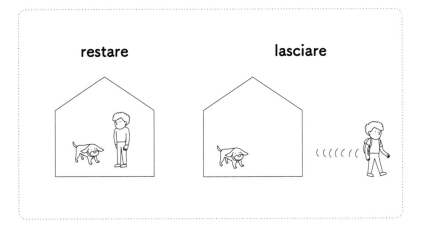

restare（留まる・残る・〜のままでいる）

複合時制
essere + restato/a/i/e

● 留まる

1. Un bambino con l'influenza deve restare a casa per non contagiare gli altri suoi compagni di classe.

   インフルエンザの子は、クラスメートに移さないように家にいなければならない。

2. Perché non resti qui da noi al mare per qualche altro giorno?

   もう何日か、海のそばの私たちのところに滞在するのはどう？

3. Luca, è restata solo una fetta di torta, è per te. Mangiala prima che arrivi quella golosona di Paola!

   ルカ、ケーキが一切れだけ残ってるけど君のだよ。食いしん坊のパオラが来る前に食べてしまえよ！

4. Sono restate solo poche persone al party dopo il seminario!

   研究会の後のパーティーには数人しか残らなかったよ。

● 〜のままでいる、〜しっぱなしだ

5. Resta calmo e ascoltami!

   冷静に、話を聞くんだ！

6. Il finestrino della macchina è rotto, resta un po' aperto. Devo farlo riparare.

   車の窓が壊れていて、少し開きっぱなしだ。直さなくちゃ。

restare〔rimanere〕di sale　出来事に驚いて呆然となる

Non vedevo il mio ex ragazzo da anni e ci crederai? L'ho rivisto in ufficio. Lavorerà nella mia stessa compagnia. Sono rimasta di sale alla notizia!

元彼には何年も会ってなかったの。でも、信じられる？オフィスで再会したの！　同じ会社で働くらしい。それを聞いて呆然としちゃった。

関連語

resto　名（m）残ったもの・余り・遺跡

In Sicilia ci sono tanti resti della civiltà romana e di altre civiltà antiche.

シチリアには、ローマ文明やその他古代文明の遺跡が数多くある。

Il resto del capitolo sull'arte barocca lo studieremo domani.

バロック芸術についての章の残りは、明日勉強しましょう。

Signora, aspetti, ha dimenticato di prendere i 35 centesimi di resto.

ちょっと奥さん、35 セントのおつりを忘れてますよ。

rimanere　動　残る・留まる・～の気持ちになる

rimanere は「ある場所にずっといる」というのが基本的な意味で restare とほぼ同じような使い方をします。

● 残る・留まる

☞この意味では restare を使うこともできます。

Rimaniamo qui ancora un po'?

もう少しここに留まろうか。

● rimanere + 感情　〜の気持ちになる

☞こちらの意味では restare はあまり使いません。

Sono rimaste deluse alla notizia della sconfitta della loro squadra del cuore.

彼女たちは、ひいきのチームが負けたニュースにがっかりした。

---

lasciare （〜から離れる・放っておく）

複合時制
avere + lasciato

● 〜から離れる、別れる、預ける　置いていく

7. Mio nonno ha lasciato la moglie e i figli in Italia per cercare fortuna in America.

   祖父はイタリアの妻子と別れて、アメリカへ幸運を求めに行った。

8. - Scusi, dove posso lasciare la valigia?

   - Lì, al deposito bagagli.

   - すみません、どこにスーツケースを預ければいいですか？
   - あそこです、荷物預かり所です。

● 〜を置き忘れる = dimenticare

9. Ah! Che distratta! Ho lasciato gli occhiali da sole in macchina!

   ぼんやりしてたわ！サングラスを車の中に忘れてきちゃった。

10. Paola ha lasciato la racchetta da tennis a casa e adesso non può giocare.

    パオラはテニスラケットを家に忘れてきたので、今はプレーできない。

● 〜を放っておく

11. Posso *lasciare* questo pacco qui?

この荷物をここに置いていい？

12. In Italia quando una persona ha il vizio di *lasciare* le porte aperte, si dice che "ha la coda" come il cane o il gatto.

イタリアでは、扉を開けたままにしておく癖があるひとを、犬や猫みたいに「しっぽがある」と言います。

13. Puoi modificare il mio testo ma devi *lasciare* ogni fotografia già allegata.

（コンピュータ上で）私のテキストを変更してもいいけど、既に貼ってある写真はどれも変えないで残しておいてね。

● 残す

14. È rimasta un po' di zuppa, *lasciamela* per il pranzo di domani.

スープが余ったから、明日のお昼ごはんに残しておいてね。

15. Faccio oggi la traduzione e *lascio* per domani la correzione degli esami.

今日は翻訳をして、テストの添削は明日に残します。

● lasciare + 人 + 不定詞　　人や生き物を〜するままにさせる

16. Paola, *lascia* giocare la gattina fuori in giardino.

パオラ、猫は外の庭で遊ばせたままにしておいてね。

17. *Lasciatemi* parlare, non interrompetemi in continuazione!

私に話をさせてくれ、しょっちゅう話の邪魔をしないでくれ！

18. I dimostranti non hanno lasciato entrare gli studenti nelle scuole occupate.

デモ参加者たちは、占拠した学校に学生を入れさせなかった。

慣用句&ことわざ

lasciare il tempo al tempo 時間が解決するのにまかせる、辛抱して待つ

Dobbiamo lasciare il tempo al tempo, vedrai che nostra figlia è giovane e dimenticherà la delusione amorosa.

時間が解決するのにまかせよう、娘は若いし、失恋の傷は忘れるだろう。

関連語

lasciarsi 動 お互いに別れる

Si sono lasciati dopo venti anni di matrimonio.

20 年間の結婚ののち、離婚した。

rilasciare 動 解放する・引き渡す・交付する

基本的な意味は、「再び自由にする」です。

Dopo diversi mesi che avevo richiesto il permesso di soggiorno, finalmente me l'hanno rilasciato!

滞在許可証を請求して何ヶ月もたったあと、とうとう発行してくれた！

I terroristi hanno rilasciato gli ostaggi dopo lunghe trattative con il governo.

テロリストは、政府との長い交渉のあと、人質を解放した。

cambiare （変える・変わる）

世界を変える？世界が変わる？

〔関連語 cambio, cambiarsi〕

①交換と②変化、の二つの大きな意味があります。①交換は、cambiare medico（医者を替える）cambiare vestito（服を替える）のように、ひとやものを「同じ種類の別のもの」と取り替える場合と、両替などのように別のものと交換する場合があります。

また、服・電車・お金など、替えるものが決まっているときには、cambiare だけで「乗り換える」「着替えさせる」などの意味になることがあります。

②変化の意味の場合、自動詞だと「〜が変わる」、目的語が続く場合は「〜を変える」になります。

Paola cambia la maglietta.
パオラはTシャツを替える。

Il tempo cambia.
天気が変わる。

cambiare（変える・変わる）

複合時制：avere + cambiato
または essere + cambiato/a/i/e

～を同じ種類の別のものと替える / 変える（他動詞として）

1. Per andare a Ravenna, di solito, cambio treno a Bologna.
   ラベンナへ行くには、普通はボローニャで電車を乗り換える。

2. Al mio personal computer ho dovuto cambiare il microprocessore.
   パソコンのマイクロプロセッサーを取り替えなければならなかった。

3. Cambierò città e così dovrò purtroppo cambiare anche medico.
   住む町を替えるので、残念ながら医者も替えなくてはならない。

4. Martina, hai cambiato il colore dei capelli? Sembrano più chiari.
   マルティナ、髪の色を変えた？　前より明るくなったみたい。

～を…(con/in) と交換する

5. Senta, potrebbe cambiarmi 20mila yen in euro?
   すみません、2万円をユーロに換えてくださいますか。

6. Per risparmiare sulla bolletta della luce, abbiamo cambiato le lampadine normali con quelle LED.
   電気代を節約するため、普通の電球を全部 LED に換えた。

● 変わる

☞ 自動詞です。助動詞は essere を取ります。

7. Il tempo è cambiato improvvisamente.

   天候が突然変わった。

8. Martina da quando ha cominciato a lavorare, è cambiata molto.

   マルティナは働き始めてからとても変わった。

9. Tokyo è cambiata tantissimo in questi ultimi anni.

   東京は、ここ何年かでとても変わった。

10. I tassi d'interesse delle banche sono cambiati dall'inizio di quest'anno.

    銀行の利子率が今年の初めから変わった。

ちょっとだけ文法！

▶ cambiare の目的語に冠詞を入れる場合と入れない場合で意味が変わることがあります。

Lui ha cambiato compagnia. Adesso lavora in un'altra città.

彼は会社を替わった。今は別の町で働いている。

Lui ha cambiato la compagnia rendendola più competitiva.

彼は会社を変え、より競争力のある会社にした。

La compagnia è cambiata. La sua immagine adesso è meno tradizionalista e più proiettata nel futuro.

会社は変化した。そのイメージはいまや古臭さが薄れ、より未来志向である。

cambiare casacca　チュニックを替える→考えをころころ変える・変節する

Non si può discutere con lei, cambia casacca a seconda della persona con cui parla.

彼女と言い争うことはできない、誰と話しているかによって意見をころころ変えるんだ。

cambio　名 (m) 交換、交替、両替

Ho portato la macchina dal gommista per il cambio delle gomme.

タイヤ交換のためにタイヤ販売店へ車を持っていった。

Il golpe portò il cambio dei politici in quel paese.

クーデターによって、あの国の政治家が入れ替わった。

Il cambio libero è determinato dall'offerta e dalla domanda della valuta.

自由な為替相場は貨幣の供給と需要によって決定される。

cambiarsi　動 着替える

Ci cambiamo per andare a teatro?

着替えてお芝居を見に行きましょうか。

piacere/dispiacere/preferire（好む/好まない）
「好き」なのは誰？

〔関連語 piacere, piacevole/ dispiacere/ preferito〕

　piacere は、「〜は誰々に好まれる」と言う意味の動詞です。主語に「好まれる対象」が来るので注意しましょう。dispiacere は元々は「〜は誰々に好まれない」という意味ではありますが、この意味では実はあまり使いません、むしろ、否定形で使われ、「いやではない、むしろ好ましい」という意味になります。構文は piacere と同じです。

Mi piace.
好き。

Mi dispiace.
残念。

Non mi dispiace.
キライじゃない。

Preferisco questa.
こっちの方が好き。

piacere（気に入る）

☞複合時制の助動詞は essere を取ります。

〜 piacere a + 人　〜が（人の）気に入る、好きである

次の文型が一般的です。

（前置詞の）a ＋人＋ piacere ＋主語

間接補語代名詞＋ piacere ＋主語　の形になることもあります。

1. Non mi piace il caffè dolce, amaro è più gustoso, secondo me.

   甘いコーヒーは好きじゃない。私は苦い方がおいしいと思う。

2. Ti è piaciuto il film che hai visto ieri sera?

   昨晩見た映画は気に入った？

3. -Signora, Le piace il gelato al pistacchio?

   -Sì, mi piace da morire.

   - ピスタチオのジェラートはお好きですか？
   - はい、ものすごく好きです。

4. -A Martina è piaciuta la gita in barca?

   -Sì, penso che le sia piaciuta.

   - マルティナは船旅を気に入ったのかな？
   - うん、気に入ったと思うよ。

5. - A Luca piace la moda?

   - No, penso che non gli piaccia.

   - ルカはファッションが好き？
   - いや、好きじゃないと思う。

主語が複数形の場合もあります。

6. Quali città italiane ti piacciono?

イタリアのどの町が好き？

7. A molti bambini italiani non piacciono i legumi.

イタリアのこどもたちの多くは豆が好きではない。

8. Vi sono piaciuti gli spaghetti? O erano un po' scotti?

スパゲッティは気に入りましたか？それとも、ちょっと茹ですぎでしたか？

● a + 人 + piacere + 不定詞　〜するのが好き

☞ この場合、piacere は三人称単数で変化します。

9. Mi piace rientrare presto dal lavoro e rilassarmi a casa con un buon film.

仕事から早く戻り、家でいい映画を見てくつろぐのが好きだ。

10. A Martina piace il mare: le piace sentire il suono delle onde e l'odore salmastro.

マルティナは海が好きだ。波の音や潮の香りを感じたりするのが好きだ。

慣用句＆ことわざ

prima il dovere e poi il piacere まず義務、その後に楽しみ。

→嫌なことから先にやる方がよい

Franco　: Pronto, Martina, tra poco vado al pub, ci sarà anche Paola, vieni?

Martina : Devo finire un lavoro: "Prima il dovere e poi il piacere", caro mio.

Franco　:　Nel tuo caso direi: "Solo il dovere e niente piacere".
　　　　　　 Scherzo. Fai presto. Ti aspettiamo al solito pub.

フランコ　:　もしもし、マルティナ、もうすぐパブに行くんだ。パオラもいるだろう。君も
　　　　　　 来る？
マルティナ:　仕事を終わらせないと。「まず義務、その後に楽しみ」でしょ？
フランコ　:　君の場合は、「義務だけで楽しみなし」だろ。いや、冗談だよ。早く終わら
　　　　　　 せてね。いつものパブでみんな待ってるよ。

関連語

piacere 名 (m) 楽しみ、喜び

Stamattina ho incontrato con piacere una mia ex studentessa.

今朝、以前の生徒と出会ってうれしかった。

Fa sempre piacere ricevere fiori in qualunque occasione /
È sempre un piacere ricevere fiori in qualunque occasione.

いつだって花をもらうのはうれしい。

piacevole 形 気持ちのよい、好ましい

Dopo una lunga passeggiata in montagna è molto piacevole
fare il bagno nelle terme all'aperto.

長い山歩きの後に露天風呂に入るのはたいへん気持ちがいい。

dispiacere （残念だ、心が痛む、〜がイヤだ）

複合時制
essere + dispiaciuto/a/i/e

　ただし「イヤだ」の意味は肯定形ではあまり使われず、否定形の non dispiacere「イヤではない、好ましい」という意味でよく使われます。

● 残念だ、心が痛む

a + 人 + dispiacere（単数のみ）**che + 接続法**（「人」と動作主が違う場合）

a + 人 + dispiacere（単数のみ）**di + 不定詞**（「人」と動作主が同じ場合）

11. Mi dispiace che Pepe abbia problemi con la pancia. Avrà mangiato troppo.

　　ペペのお腹の具合が悪くて気の毒だ。食べ過ぎたのかな。

12. Paola, ti dispiace di non vedere per due settimane la tua Fifì, mentre sei in Giappone, vero?

　　パオラ、あなたが日本にいる間、フィフィに2週間会えないのはつらいでしょ?

● 〜が嫌いではない

non dispiacere（単数または複数で）**a + 人**

　否定形だと「嫌いではなく、むしろ好ましい」という意味を表します。

13. Il libro che mi hai prestato, non mi è dispiaciuto, anzi.

　　あなたが貸してくれた本は、悪くないどころか、良かったよ。

14. Sembra proprio che a Paola non siano dispiaciuti i tuoi ravioli.

　　パオラはあなたのラビオリがけっこう気に入ったみたいだったよ。

● 丁寧な依頼をする場合、許可を得る場合

間接補語代名詞 + dispiacere + 不定詞

〜するのはイヤじゃないですか？→〜してもらえますか？

間接補語代名詞 + dispiacere se + 節（行動するのが頼む

相手ではない場合）

〜してはダメですか？→〜してもいいですか？

☞問題ないときは「no」で答えます。

15. Signora, scusi, Le dispiacerebbe chiudere la porta?

    すみません、ドアを閉めていただけませんか。

16. -Franco, ti dispiace venire a prendermi in ufficio?

    -No, figurati!

    フランコ、オフィスに迎えに来てくれるのってムリ？
    ぜんぜん大丈夫だよ！

17. Fa troppo freddo. Vi dispiace se spengo il condizionatore?

    寒すぎる。エアコンを消してもいい？

関連語

dispiacere 名 (m) 残念なこと、つらいこと

La perdita del tanto amato cane fu un grandissimo dispiacere
per tutta la famiglia.

非常に愛していた犬を失うことは、家族全員にとってたいへん大きな悲しみだった。

preferire （〜の方を好む）

　他のものと比べてあるものの方を好む、というのが基本的な意味です。

● **preferire 〜 a …**　　…より〜の方を好む、選ぶ

18. Preferisco l'autunno alla primavera, per i suoi colori e l'atmosfera un po' romantica.

春より秋の方が好き。その色彩、そしてちょっとロマンティックな雰囲気のせいで。

19. Luca preferisce la crosta del pane alla mollica.

ルカは、パンの柔らかいところより、皮の方が好きだ。

20. Preferisco chi parla poco a chi parla molto.

たくさん話すひとより口数の少ないひとの方が好きだ。

● **preferire 〜 o 〜？**　〜か〜のどちらかを好む（疑問の文で）

21. Preferite un caffè o una birra?

コーヒーとビール、どっちがいい？

22. Signora Neri, preferisce giocare a tennis o a golf?

ネリさん、テニスとゴルフのどっちをプレーする方が好きですか？

比べてみよう！

piacere, dispiacere, preferire の 3 つの動詞を全部使ったダイアローグです。

- Senti, zia, durante le vacanze ti piacerebbe stare in un rifugio in cima alla montagna, un po' scomodo, ma unico; oppure in un albergo termale a valle?

- Mah, sai il rifugio non mi dispiacerebbe, ma ultimamente ho problemi al ginocchio e preferirei l'albergo a valle e, poi, forse le acque termali potrebbero giovare al mio ginocchio.

- ねえ叔母さん、バカンスの間、山頂の山小屋に行くのはどう？ちょっと不便だけど他にはない場所だよ。それとも、ふもとの温泉宿にする？
- そうねえ、山小屋も嫌いじゃないんだけど、最近は膝が悪いからふもとの旅館の方がいいかな。それに、温泉のお湯は膝に良いかもしれないし。

関連語

preferito 形 好みの、お気に入りの

preferire の過去分詞が形容詞になったものです。

Vorrei tornare subito a casa perché sta per cominciare il mio programma preferito.

すぐに家に帰りたいのだけれど。お気に入りの番組がちょうど始まるところなんだ。

Lo zenzero caldo con un po' di miele è la mia bevanda preferita.

ハチミツを少し入れた温かいショウガ湯は、私のお気に入りの飲み物です。

perdere/perdersi（なくす／迷う）

自分を「失う」ってどういうこと？

〔関連語 perdita, guadagno〕

　perdere は「物や人を失う、なくす」というのが基本的な意味です。日本語では「なくさ」ないような「時間」やものにも perdere を使うので要注意です。再帰動詞の perdersi は、「自分をなくす→迷う」、「自分の姿をなくす→姿を消す」などの意味になります。

perdere　　　　　　　**perdersi**

Martina ha perso le chiavi.

マルティナは鍵をなくした。

Franco si è perso.

フランコは道に迷っている。

perdere（なくす）

〜をなくす・失う

1. **Ho perso** gli orecchini mentre mi toglievo la sciarpa.
   スカーフを取ったときにイヤリングをなくした。

2. Se si **perde** il passaporto all'estero si deve andare al proprio Consolato di quel paese.
   外国でパスポートをなくしたら、その国にある自国の領事館に行かなければならない。

3. Purtroppo **ho perso** i contatti con i miei ex compagni di università.
   残念なことに、大学のかつての仲間と連絡を取らなくなってしまった。

4. Questa maglietta dopo solo alcuni lavaggi **ha perso** il colore originale.
   このTシャツは何回か洗っただけで元の色を失ってしまった。

5. Paola, se vuoi **perdere** peso, non devi fare diete drastiche, ma solo mangiare un po' meno e fare moto.
   パオラ、もし体重を減らしたいなら、急激なダイエットはするべきじゃないわ。少し食べるのを減らして体を動かすだけでいいのよ。

時間的に間に合わない、〜し損ねる

6. È meglio sbrigarsi se non vogliamo **perdere** il traghetto.
   フェリーを逃したくなければ、急いだ方がいい。

7. Siamo arrivati tardi, così **abbiamo perso** i primi 20 minuti della conferenza.
   私たちは遅くに着いたので、講演の最初の20分を聞き損ねた。

8. Ho visto tutte le puntate di quello sceneggiato televisivo, senza perderne una.

このテレビドラマはすべての回を、一話も欠かさず見た。

● 漏れ出る

容器が内容物を失う→漏れる

9. Il serbatoio della macchina perde olio, passiamo un attimo dal meccanico?

車のタンクからオイルが漏れている。整備工のところにちょっと寄っていこうか。

10. Da diversi giorni il rubinetto del bagno perde acqua. Bisogna chiamare l'idraulico urgentemente.

数日来、お風呂の蛇口から水がぼたぼた垂れている。大至急、配管工をよばなくては。

● ～（試合や勝負）に負ける

11. Speriamo che la nostra squadra non perda il derby di domenica prossima.

うちのチームが日曜日のダービーで負けないことを願いましょう。

※ derby= 同じ地区内での2チームの対抗戦

12. Ho puntato su un cavallo che purtroppo ha perso.

ある馬に賭けたんだけど、そいつは負けてしまった。

● 時間を無駄にする、浪費する

13. Ho perso tutta la mattina a cercare la patente che avevo già messo in borsa.

バッグの中に入れてた免許証を探して、朝を丸々無駄にしちゃった。

14. Se vogliamo arrivare puntuali, non dobbiamo perdere tempo.

我々が時間どおりに着きたいなら、グズグズしてはいけない。

il lupo perde il pelo ma non il vizio

オオカミは毛を失っても悪癖は失わない→三つ子の魂百まで

Non vedevo Franco dai tempi del liceo. Quando l'ho incontrato per la strada, era in compagnia di due ragazze. Franco non cambia mai, ho pensato. Come si dice.....il lupo perde il pelo ma non il vizio.

高校時代からフランコに会っていなかった。道で出会ったとき、彼は二人の女の子を連れていた。フランコはぜんぜん変わらない。そう私は思った。何て言うんだっけ…オオカミは毛を失っても悪癖は失わない、だ。

perdita 名 (f) 損失 ←→ guadagno 名 (m) 利益

perdita 失うこと、損失

La nostra compagnia, in questi ultimi anni, ha subìto perdite notevoli.

我が社は、この数年、顕著な損失を被った。

guadagno 得ること、利益

Mio padre dice sempre che se investiamo negli immobili avremo dei guadagni sicuri.

父はいつも言っている。不動産に投資すれば確実な収入が得られるだろうと。

perdersi（迷う）

perdere の意味で再帰動詞になったものです。「自分を失う」→「迷う」という意味になります。

迷う

15. Questo bosco è pieno di sentieri, cerchiamo di stare sempre uniti per non perderci.

   この森は小道がたくさんある。迷わないように常に一緒にいるようにしよう。

16. Mia nipote mi ha telefonato dalla stazione di Shinjuku perché si era persa nel sotterraneo della stazione.

   姪が新宿駅から電話してきた。駅の地下で迷子になったのだ。

perdere「時間的に間に合わない、～し損ねる」と同じ意味だが、より強調される

17. Prima della proiezione del film, c'è l'intervista al regista. Non perdetevela!

   映画の上映の前に、監督のインタビューがあります。聞き逃したらもったいないですよ！

少しずつ消える、薄れる

18. L'eco si perde nella valle profonda.

   こだまが深い谷に消える。

19. La luce del giorno si perde nell'ombra della notte.

   日の光が夜の闇に消える。

perdersi d'animo がっかりする

Mai perdersi d'animo se qualcosa non va bene così come desideriamo. Insistiamo!

物事が思い通りに行かないことがあっても、がっかりしないで。粘り強くがんばろう！

perdersi in un bicchier d'acqua

コップの水の中で迷う→つまらないことを心配する、取り越し苦労をする

Non puoi non capire questo esercizio! È facilissimo! Concentrati...non perderti in un bicchier d'acqua!

この練習問題が分からないはずがない。すごく簡単だよ！集中してみて。取り越し苦労は無用だよ。

succedere/seguire/riuscire

（続いて起こる / 後を追う / 成功する）

うまく行っても行かなくても、人生は続く

〔関連語 successo, successivo/ seguito/ riuscita〕

　succedere は「物事が起こる」というのが基本的な意味です。seguire の基本的なイメージは「後を追う、フォローする」。riuscire は「成功する」という意味で、ものごとを「なんとかうまくやる」というニュアンスです。

succedere

Che cos'è successo?!

何が起こった？！

seguire

Pepe segue la palla.

ぺぺはボールを追いかける。

riuscire

Pepe è riuscito a raggiungere la palla.

ぺぺはボールに追いつけた。

succedere（起こる・後を継ぐ）

複合時制

essere + successo/a/i/e

動詞の succedere には「成功する」という意味はないので注意しましょう。ただし、過去分詞が名詞化した successo には「成功」の意味があります。

● （出来事などが）起こる

この意味では accadere や capitare と同義語です。

1. Ma che cosa è successo a Martina? Racconta.

   マルティナになにがあったの？　話して。

2. In passato sono successi tanti incidenti a questo incrocio.

   むかし、この交差点ではたくさんの事故が起こった。

3. In questa zona ultimamente succedono strane cose.

   最近、この界隈では変わったことが起こる。

● succedere che + 接続法の節

〜が起こる、することがある

che 以下の節の中で主語をはっきりさせたいときに使います。

succedere di + 不定詞　〜が起こる、〜することがある

こちらの表現の方が「一般的に人は…」というニュアンスになります。

4. Succede spesso che Luca studi per ore e che il suo cane Pepe stia accucciato ai suoi piedi.

   よくあることだが、ルカが何時間も勉強していると、飼い犬のペペが彼の足下で丸くなっていたりする。

5. Succede che a volte Martina faccia lo straordinario la sera e che lavori anche il sabato.

マルティナはときどき、夜に残業をしたり土曜に働いたりすることがある。

6. Può succedere di avere il mal di mare durante un lungo viaggio in nave.

長い船旅の間、船酔いすることがあるかもしれない。

● あとを継ぐ

7. Augusto fu il primo imperatore romano e gli successe Tiberio.

アウグストゥスはローマ帝国初代皇帝であり、そのあとをティベリウスが継いだ。

8. Il professore vorrebbe che andando in pensione a succedergli nella cattedra fosse uno dei suoi studenti.

教授は、引退したら、教え子のひとりに自分の教壇を継いで欲しいと思っている。

慣用句&ことわざ

succedere un quarantotto

騒がしいこと、大混乱、血なまぐさいことが起こる

Non ti dico che cosa è successo ieri. Franco era con la sua ragazza in un ristorante, dove per caso c'era anche l'ex ragazzo di questa, il quale si è avvicinato a Franco e gli ha dato uno schiaffo improvvisamente. Franco ha reagito ed è successo un quarantotto. Anche la sua ragazza è intervenuta subito graffiando il suo ex che è scappato chiamandola "tigre".

昨日何が起こったかは言葉で言い表せないよ。フランコが彼女とレストランにいたら、そこにたまたまその彼女の元彼氏もいたんだ。こいつがフランコに近づいて、突然平手打ちした。フランコは応戦し、大混乱さ。彼女もすぐに間に入って元彼を引っ掻いたので、やつは「おまえはトラか」と叫びながら逃げていったよ。

関連語

successo 名 (m) 成功、ヒット、よい結果

Il corso di italiano per bambini e genitori è stato un successo.

イタリア語の親子向けコースは成功した。

di successo 成功した、人気の

☞形容詞的に使います。

A Martina non piacciono gli uomini di successo, ma quelli che cercano di ottenerlo.

マルティナは、成功した男ではなく、成功を手に入れようとしている男が好きだ。

successivo 形 後に続く

L'iscrizione sarà valida dal giorno successivo alla presentazione della domanda.

申請提出の翌日から登録が有効になります。

seguire（続く・あとを追う）

複合時制 avere + seguito
または essere + seguito/a/i/e

seguire の基本的な意味は「誰かの後につく」です。そこから、後を追う、続く、従うなどの意味になります。

● 後を追う

9. **Seguitemi**, vi faccio strada.

   私の後について来てください。道案内します。

10. Ieri sera durante la festa di paese molta gente **ha seguito** la portantina, ballando e cantando.

    昨夜の村祭りの間、たくさんの人々が踊ったり歌ったりしながら、おみこしの後をついていった。

● 続く

☞自動詞で essere を取ります。この意味では continuare と言い換えられます。

11. L'articolo **segue** a pag. 12.

    記事は 12 ページに続きます。

12. La stessa trasmissione **seguirà** nei giorni successivi fino a sabato, sempre alla stessa ora.

    同じ放送が、いつも同じ時間に、土曜日まで毎日連続で続きます。

● 定期的に見たり読んだりする、定期的に通う

13. Mio figlio da bambino seguiva con interesse i documentari sugli animali.

    息子は小さいころ、動物についてのドキュメンタリーを興味深く見ていた。

14. Luca segue tutte le notizie circa le ultime novità tecnologiche.

    ルカはテクノロジー関係の最新ニュースをすべてしっかり読んでいる。

15. Per tutti e cinque gli anni delle scuole elementari, Paola ha seguito un corso di danza classica.

    小学校の5年間ずっと、パオラはクラシックダンスのコースに通った。

● 〜に従う

16. Per raggiungere buone prestazioni sportive si deve seguire una dieta adeguata.

    よい運動能力を身につけるには、適切な食餌療法に従う必要がある。

17. Mio padre è testardo e non segue i consigli del medico di riposare di più e lavorare di meno.

    父は頑固なので、もっと休みを増やして仕事を減らすようにという医者のアドバイスに従わない。

18. Pur avendo seguito scrupolosamente le istruzioni di lavaggio, la maglietta si è ristretta.

    細心の注意を払って洗濯表示に従ったのに、Tシャツが縮んでしまった。

● 道などに沿って進む

19. Per andare in piazza segua questa strada e poi giri a destra. La piazza è proprio là.

広場に行くには、この道を進んで右に曲がってください。広場はちょうどそこです。

20. Seguendo il fiume arriveremo ad una cascata ripidissima.

川をたどっていくと、急流の滝につくでしょう。

● 続いて起こる、後にやってくる

☞自動詞で essere を取ります。この意味では succedere を使うこともできます。

21. Di solito al tifone segue il bel tempo.

たいてい、台風の後には良い天気がやってくる。

22. Al discorso del ministro è seguita un'intervista con i giornalisti.

大臣の話に続いて、記者たちとの会見があった。

23. Alla gara finale segue la premiazione dei vincitori.

決勝戦に引き続き、勝者の授賞式がある。

慣用句&ことわざ

seguire come un'ombra

影のように追う→つねに誰かに付き従う

しつこくつきまとう人を指す場合もあります。

Quando Luca gira per la casa Pepe lo segue come un'ombra: è eccitato perché forse pensa che tra poco usciranno.

ルカが家の中を歩き回っていると、ペペはその後を影のようについて回る。きっともうすぐお出かけだと思って、ワクワクしているのだ。

seguito 名 (m) 続き

in seguito 続いて、その後

Non è finita, ma adesso devo andare ti racconterò il seguito della brutta avventura di Franco, domani.......

......ah, rieccoci, allora, in seguito la ragazza di Franco l'ha lasciato e si è rimessa con il suo ex, proprio quello che aveva graffiato al ristorante! Incredibile!

まだ終わりじゃない、でも今は行かなくちゃ。フランコのひどい冒険の話の続きは、明日話すよ…

…さて、再開だ。それでその後、フランコの彼女がフランコを振って元彼とよりを戻したんだよ、まさにレストランでひっかいた男とだよ！信じられない！

---

riuscire （うまくいく、成功する）

複合時制
essere + riuscito/a/i/e

「なんとかうまくいく」というニュアンスです。複合時制の助動詞は essere を取ることに注意しましょう。

riuscire a + 不定詞

～するのにうまくいく、成功する =potere

24. Il mio cavallo preferito non è riuscito a saltare l'ostacolo. Peccato!

私のひいきの馬は障害を飛べなかった。残念だ！

25. Tutti i suoi sforzi non sono riusciti a salvare la compagnia dalla bancarotta.

彼のあらゆる努力も、会社を倒産から救うことはできなかった。

26. Lui **riesce a** nuotare per 50 metri sott'acqua senza respirare.

彼は息継ぎなしで水中を 50 メートル泳げる。

● riuscire（in ＋名詞）（〜で）うまくいく

avere successo と同じ意味です。

27. Luca **riesce** sempre **negli** esami perché studia con metodo.

ルカはいつも試験でうまくいく。規則正しく勉強するからだ。

28. Speriamo che Martina **riesca nel** lavoro secondo i suoi desideri.

マルティナが望み通り仕事でうまくいきますように。

> mi を入れると、「私が作った」という意味を
> あらわしたり、強調を表したりします。

● 〜という結果になる

29. La torta non (mi) **è riuscita** bene, forse perché ho aperto il forno durante la cottura.

ケーキはうまくいかなかった。おそらく焼いている間にオーブンを開けたからだろう。

30. Peccato che questa foto **sia riuscita** un po' sfocata.

残念なことにこの写真は少しぼやけて撮れた。

● 成功する（自動詞で）=avere successo

31. Per **riuscire** nella vita ci vuole fortuna, ma anche impegno.

人生で成功するには、幸運だけでなく熱意も必要だ。

32. La traversata a nuoto dello stretto di Messina **è riuscita** senza problemi.

メッシーナ海峡の横断泳は問題なく成功した。

！注意！

succedere, avere successo, riuscire

avere successo（過去分詞でなく名詞）は riuscire と同じく「成功する」という意味で使えますが、動詞 succedere にはそのような意味はありません。

例 彼は疑いなく映画で成功するだろう。

○ Lui avrà senza dubbio successo nel cinema.

○ Lui riuscirà senza dubbio nel cinema.

× Lui succederà senza dubbio nel cinema.

慣用句&ことわざ

Non tutte le ciambelle riescono con il buco

すべてのドーナッツに穴ができるわけではない→欲しいものがいつでも手に入るとは限らない

Martina era piuttosto delusa perché al lavoro una sua proposta era stata rifiutata. E Paola per consolarla le ha detto: "Non tutte le ciambelle riescono con il buco, ma molte, sì. Pensa a tutte le altre tue proposte che, invece, sono state accettate".

マルティナはかなり落ち込んでいた。仕事で提案が却下されたからだ。パオラは慰めようとして言った。「すべてのドーナッツに穴が出来るわけではないわよ。でも穴のあるドーナッツもたくさんある。つまり、逆に、受け入れられた他の提案のことを考えるのよ。」

riuscita   名 (f) 成功、良い結果、耐久

Le trattative hanno avuto un'ottima riuscita.

交渉は最高の結果に終わった。

Questa camicetta l'ho pagata pochissimo ma ha fatto un'ottima riuscita.

このブラウスにほんの少ししか払わなかったけれど、非常に長持ちした。

vestirsi/mettersi/indossare （着る）

どれを選ぶか迷います。

〔関連語 spogliarsi/togliersi/indossatore, portare〕

　vestirsi は服を着る動作を表し、動詞の中に服という意味が含まれているので、直接目的語は取りません。mettersi と indossare は服やアクセサリーなど身に着ける対象を直接目的語に取ります。mettersi は身に着ける動作を表すのが基本の意味で、indossare は身につける動作と身に着けている状態を表します。また、indossare, portare は「普段、習慣的に身につけている」という意味で使うことも出来ます。

vestirsi

Paola si veste.

パオラは服を着る。

mettersi

Paola si mette gli
orecchini.

パオラはイヤリングを
着ける。

indossare

Paola indossa il
cappotto.

パオラはコートを
着ている。

vestirsi （服（vestito）を自分に着ける→着る）

☞直接目的語は取りません。

● 服などを着る

1. Siete ancora in pantaloncini e canottiera; presto, vestitevi!
   Tra poco arriveranno gli ospiti.

   あなたたち、まだショートパンツとランニングシャツじゃないの。早く服を着て！まもなくお客さんがやってくるから。

2. Mi vesto subito ed usciamo.

   すぐに服を着るから、出かけよう。

3. Con il tempo mutevole è davvero difficile decidere come vestirsi.

   この変わりやすい天気では、どんな服を着るか決めるのがほんとうに難しい。

● vestirsi + 服装に関する副詞句　〜のような格好をする

4. Paola ama vestirsi alla moda.

   パオラは流行りの格好をするのが好きだ。

5. Luca si veste sempre casual: jeans e maglietta in estate e jeans e maglione in inverno.

   ルカはいつもカジュアルな格好をしている。夏はジーンズとTシャツ、冬はジーンズとセーター。

6. Martina ieri si è vestita da sera per una cena di lavoro.
   Aveva anche i tacchi a spillo. Stava benissimo!

   マルティナは昨日、仕事の夕食会にイブニングドレスを着た。ハイヒールも履いていた。すごく似合っていたよ！

● （人でないものが）装う

7. Le montagne in inverno si vestono di bianco.

   冬の山は白い装いだ。

8. Quando il cielo si veste di rosso la sera, il giorno dopo, di solito è bel tempo.

   夕方に空が赤く染まるときは、翌日はたいてい良い天気だ。

関連語

spogliarsi 　動　脱ぐ ⇔ vestirsi

☞服などを直接目的語には取りません。

Bambini, spogliatevi e lavatevi prima di andare a letto.

こどもたち、寝る前に服を脱いで体を洗いなさい。

In autunno gli alberi si spogliano perdendo le foglie.

秋に木々は葉を落として裸になる。

○ mettersi （身に着ける）

複合時制
essersi + messo/a/i/e

身に着ける動作を表すのが基本の意味です。

「mettere（着ける）の再帰形→自分の身に着ける」

● 服、アクセサリーなどを身に着ける（直接目的語を取る）

9. Aspetta, mi metto il cappotto e ti raggiungo subito.

   ちょっと待って、コートを着るから。すぐに追いつくよ。

10. Stamattina Paola è uscita di fretta dimenticando di mettersi gli orecchini.

今朝、パオラは急いで家を出たので、イヤリングをつけるのを忘れてしまった。

11. Oggi devo camminare molto, preferisco mettermi un paio di scarpe basse e comode.

今日はたくさん歩かなければいけないから、かかとが低くて楽な靴を履く方がいい。

● mettersi + 前置詞 + 名詞　自分を〜の状態に置く

12. Il dottore gli ha consigliato di mettersi a letto e di riposare.

医者は彼に、横になって休むように忠告した。

13. Perché non ti metti mai in fila quando aspetti?

どうして君は待つときに絶対並ばないの？

14. Paola dice sempre che deve mettersi a dieta. In realtà non ne ha bisogno.

パオラはいつもダイエットしなきゃと言っている。ほんとうは必要ないのに。

● mettersi a + 不定詞　〜し始める、〜にとりかかる

「〜する状態に自分を置く」という意味です。

15. Dopo pranzo, mettetevi a studiare, mi raccomando!

昼食の後、勉強を始めてね。お願いだから！

16. Mentre ascoltavo il coro angelico dei bambini mi sono messa a piangere senza motivo.

こどもたちの天使のような合唱を聴いていたら、わけもなく泣けてきた。

mettersi in luce [in vista]　脚光を浴びる、よさを知らしめる

Lui è un tipo davvero in gamba. Peccato che non sappia
mettersi in luce, dovrebbe essere meno timido.

彼はほんとうに頑張り屋だ。みんなに認められる方法を知らないのが残念だ。もうちょっと引っ込み思案でなければなぁ。

関連語

togliersi　動　togliere は「取り除く」という意味です。

● 身に着けているものを取る

「mettersi ＋ 物」の反対語で、服などを直接目的語にとります。

Di solito ci si toglie il cappello quando si entra in chiesa.

たいてい、教会に入るときは帽子を脱ぐ。

● 立ち去る

自分を取り除く→立ち去る

Togliamoci da qui, ci sono troppe macchine. È pericoloso!

ここから立ち去ろう、車が多すぎる。危ないよ。

indossare（身に着けている）

複合時制
avere + indossato

基本的には「mettersi + 物」と同じく「〜を身に着ける」という意味です。

● 服、アクセサリーなどを身に着ける（直接目的語を取る）

17. Indosserò per il matrimonio della mia amica un abito verde, piuttosto corto.

    女友達の結婚式には、緑で丈が短めのドレスを着るつもりだ。

18. Oggi Paola va al mare e preferisce indossare il costume da casa.

    今日、パオラは海に行くので、家から水着を着て行くことにする。

19. Ha indossato il pigiama ed è andato a letto.

    彼はパジャマを着て寝た。

● 服などを身に着けた状態である

☞ この意味では、portare を使うこともできます。

20. Mario è quel ragazzo seduto che indossa i jeans e il giubbotto rosso.

    マリオはあの、ジーンズと赤いブルゾンを着て座っている男の子だよ。

21. Lo sposo indossava un vestito blù notte con un papillon bianco.

    新郎はミッドナイトブルーの服を着て白い蝶ネクタイをつけていた。

● 普段身に着けている

☞ この意味では、portare を使うこともできます。

22. Mia nonna indossa spesso abiti scuri da quando è morto il nonno.

祖母は、祖父が亡くなったときから、よく暗い色の服を着ている。

23. Preferisco non indossare i guanti: sono scomodi.

手袋はしない方が好きだ。不便だから。

関連語

indossatore 名 (m) **indossatrice** 名 (f) ファッションモデル

Lei ha smesso da tempo di fare l'indossatrice ed adesso è giornalista di moda.

彼女はしばらく前からファッションモデルをするのをやめた。今はファッション誌の記者をしている。

portare 動 〜を持っている→〜を身に着けている

「身に着けた状態である」「習慣的に身に着けている」という意味で portare を使うことができます。

Non mi piace portare i cappelli: non mi stanno bene.

帽子をかぶるのは好きではない。似合わないんです。

mettersi と portare

　「身に着ける」という動作を表したいときはmettersi を使います。portare は「身に着けている状態」を表すので、「身に着ける」という動作自体は表しません。

○ Paola si mette le scarpe a tacchi alti stando seduta, perché ha paura di cadere.

パオラは座りながらハイヒールを履く。転ぶのが怖いからだ。

▶この文の場合は、靴を履く瞬間の動作を表しているので意味が通ります。

例 パオラはハイヒールを自然に履きこなす。

○ Paola porta le scarpe a tacchi alti con disinvoltura.

▶普段ハイヒールを「履き慣れている」という意味になります。

× Paola si mette i tacchi alti con disinvoltura.

▶mettersi は履くという動作になるので意味が通りません。

Riassumiamo!

※それぞれの動詞にはこれ以外の意味もありますがここでは省略しています。

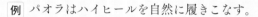

直接目的語を取る

mettersi ↔ togliersi
身に着ける（動作）　身に着けているものを取る（動作）
indossare
身に着けている（状態） portare

直接目的語は取らない

vestirsi ↔ spogliarsi
着る　　　　　脱ぐ

aprire/accendere （開く、点ける）

「開く、点ける」だけじゃない？

〔関連語 aprirsi, chiudere, chiudersi/ accendersi, spegnere, spegnersi〕

　　aprire は「開ける」「開く」の意味で使われ、反対語は chiudere
「閉める」「閉まる」です。どちらも非人称で「（自動的に）開く /
閉まる」の意味でも使われるので注意しましょう。accendere は「点
ける」が基本的な意味で、反対語は spegnere「消す」です。

○ **aprire** （開ける、開く）

複合時制
avere + aperto

　　「～を開ける」のように目的語を伴って使うのが基本的な使い方
です。「～が開く」と言いたい場合は、aprirsi を使うのが普通です。
開いているという状態を表すときは essere + aperto のように、
aprire の過去分詞を形容詞的に使って表します。

La porta si apre.

ドアが開く。

Luca apre la porta.

ルカはドアを開ける。

La porta è aperta.

ドアが開いている。

● ～を開ける、広げる

1. Vedi che piove? Che aspetti ad aprire l'ombrello?

   雨が降っているのが分かるでしょ？傘を開かないで何を待っているの？

2. Aprite il libro a pag. 20.

   本の 20 ページを開けてください。

3. Ha aperto le dita e ha liberato la farfalla che è volata via tra i fiori.

   指を広げてチョウを逃がしたら、花の間を飛んで行った。

● ～を開店する、開設する

4. Uno dei sogni di Franco è quello, in futuro, di aprire un negozio di abbigliamento.

   フランコの夢のひとつは、将来、ブティックを開くことだ。

5. Ho appena aperto un conto in banca intestato a mia figlia.

   娘の名義で銀行口座を開いたばかりです。

6. Domenica scorsa, dopo mesi di lavori, finalmente hanno aperto una nuova ala del museo.

   何ヶ月もの工事の後、先週の日曜日に美術館の新しいウィングがやっとオープンした。

● ファイルやデータなどを開ける

7. Vuoi sapere come aprire un video? Basta cliccare qui.

   どうやって動画を開くか知りたいの？ここをクリックすればいいよ。

● 窓、扉、設備、器具などを開ける、開く

8. La mattina quando mamma si alza, apre sempre le finestre per arieggiare le camere.

   ママは朝起きるといつも、部屋の換気をするために窓を開ける。

9. Apriamo il garage con il telecomando a distanza.

   うちのガレージは遠隔操作で開けます。

10. Appena apro il rubinetto, esce acqua marrone. Come mai?

    蛇口を開けたらすぐに、茶色い水が出る。どうしたんだろう?

11. Non riesco ad aprire la cassetta della posta.

    郵便受けが開かない。

● essere + aperto 開いた状態にしておく 店などが開いている

aprire の過去分詞 aperto が、「開いている」という意味の形容詞として使われています。

12. Il negozio non è ancora aperto. Di solito apre alle dieci.

    店はまだ開いていない。たいていは 10 時に開く。

13. La segreteria della scuola è aperta tutti i giorni dalle nove alle ventuno, esclusa la domenica.

    学校の受付は、日曜を除く毎日 9 時から 21 時まで開いています。

14. Gli uffici pubblici non sono aperti il sabato e la domenica.

    官公庁は土曜と日曜は開いていません。

比べてみよう！

「開いている」という状態を表したいときは、aprire の現在形ではなく、essere + aperto を使います。

劇場のチケット売り場は開いています。

○ Il botteghino del teatro è aperto.

× Il botteghino del teatro apre.

▶現在形にすると、「（売り場が）開く」、または「これから開ける」という意味になってしまいます。

Il botteghino del teatro apre tra poco.

劇場のチケット売り場はもうすぐ開きます。

▶つまりまだ開いていません。

Hanno aperto il botteghino del teatro poco fa.

劇場のチケット売り場を先ほど開けました。

▶つまり今は開いています。

☞次の文のような受動態の形はあまり使いません。

Il botteghino è stato aperto poco fa.

チケット売り場は先ほど開けられました。

▶だから、今は開いています。

aprire bocca　口を開く、言葉を言う

C'è qualcosa che non va? Non hai aperto bocca per tutta la serata.

なにか気に入らないことがあるの？夕べはずっと口を開かなかったね。

aprire le orecchie　注意する、注意して聴く

Aprite bene le orecchie, sto per spiegare una cosa piuttosto difficile.

よく注意して聴いてね。これからかなり難しいことを説明するから。

aprire gli occhi　目を覚ます

Apri gli occhi! Tuo marito ha una relazione segreta.

目を覚まして！あなたの旦那は浮気してるのよ！

aprire il cuore　胸襟を開く、思っていることを打ち明ける

A volte basta aprire il cuore ad un amico per sentirsi più leggeri.

時として、友人に胸襟を開くだけでもっと気が楽になれる。

aprirsi　動　開く「自分で自分を開ける→開く」

「〜が開く」と言いたいときは aprire ではなく aprirsi を使います。ドアなどが自動的に開く、開くときに音がする、など開く物を主体にしたいときに使います。

Le porte si aprono automaticamente; non c'è bisogno di spingere.

扉は自動的に開きます。押す必要はありません。

La finestra è un po' difettosa: si apre con uno strano rumore.

窓は少し壊れているので変な音を立てて開く。

chiudere/ chiudersi 動   閉める、閉まる   ⇔ aprire/aprirsi

Luca, quando esce, a volte dimentica di chiudere la porta a chiave.

ルカは出かけるとき、ドアに鍵をかけるのを忘れることがある。

Quando si parte per un viaggio è bene chiudere la chiavetta centrale del gas.

旅に出るときは、ガスの元栓は閉めるのがよい。

Lo sportello della macchina non si chiude bene.

車のドアがよく閉まらない。

Martina si è chiusa in camera sua. Come mai?

マルティナは部屋に閉じこもっている。どうしたんだろう？

essere + chiuso   閉まっている

状態を表します。

Il ristorante è ancora chiuso? A che ora apre?

レストランはまだ閉まっていますか？何時に開きますか？

accendere （点ける）

複合時制
avere + acceso

火を点けるというのが基本的な意味です。そこから、スイッチを on にするなどの意味も持つようになりました。また、象徴的に「火を点けたように輝かせる」などの意味にも使われます。

accendere una candela
ろうそくに火を点ける

accendere la luce
電気をつける

● （火などを）点ける

> Fornello を点けるのは当たり前なので、省略してもかまいません。

15. Potresti accendere (il fornello) sotto la pentola dell'acqua? Tra poco è ora di pranzo.

水が入った鍋のコンロを点けてくれる？もうすぐ昼食だから。

16. Mai accendere fiammiferi nel bosco. C'è pericolo di incendi!

決して森でマッチを擦ってはいけないよ。火事の危険があるよ！

17. Accendi anche la lampada così vedi meglio.

ランプもつけなさい、そうするともっとよく見えるよ。

● （電気機器や電子機器の）電源を入れる

18. Perché non accendete il climatizzatore in questa stanza? Fa
    così caldo.

    どうしてこの部屋のエアコンをつけないのですか？こんなに暑いのに。

19. Prima di infornare il dolce, accendi il forno e fallo
    riscaldare fino a 180 gradi.

    ケーキをオーブンに入れる前に、オーブンをつけて180度になるまで温めてね。

● 経済・法律・行政用語として　開く＝ aprire

20. Il nostro direttore ha preso in prestito dei soldi dalla banca,
    accendendo un'ipoteca sulla sua villa al mare.

    うちの部長は、海の別荘を抵当にして銀行からお金を借りた。

    ※ accendere un'ipoteca= 抵当権を設定する

21. Franco ha intenzione di accendere un mutuo per comprare
    un piccolo appartamento in centro.

    フランコは中心街に小さなアパートを買うため、住宅ローンを組みたいと思っている。

● （比喩的に）火を点ける、情熱などを燃やす

22. Uno dei giornalisti con la sua domanda ha acceso il
    dibattito.

    記者の一人が質問すると、論争に火が点いた。

23. Come farà quell'insegnante ad accendere l'entusiasmo
    degli studenti nello studio?

    あの教師は、どうやって生徒の勉強への情熱に火を点けるんだろう？

accendere una candela (ai santi)

聖人にろうそくをともす→危機から逃れたり難しい試験に受かったり

したことを聖人に感謝する

Ma, dai, ti è andata bene con quel vigile. Sei riuscita a non farti
fare la multa. Devi accendere una candela a qualche santo.

ねえ、君はあの警官とうまくやったよ。罰金をくらわないで済んだね。聖人に感謝のろう
そくを捧げないといけないよ。

accendersi 動 火が点く、輝く

Il termosifone si accende automaticamente all'ora
programmata.

暖房は、予約した時間に自動的につきます。

Mentre tornavo a casa ieri sera, si accendevano in cielo le
prime stelle.

夕べ家に帰る途中、空には一番星が輝いていた。

La bambina quando vede il papà si accende di gioia in viso.

女の子はパパを見ると、喜びで顔を輝かせる。

spegnere/spegnersi 動　消す、消える　（過去分詞は spento）

Non bisogna mai spegnere il computer mentre è in atto un
importante aggiornamento!

重要なアップデート中は、けっしてコンピューターを消してはいけません！

Alcuni pompieri per spegnere l'incendio si sono ustionati
leggermente.

火事を消すために軽いやけどを負った消防士もいた。

La lampada si è spenta improvvisamente; penso che si sia fulminata la lampadina.

明かりが突然消えた。電球が切れたのだと思う。

Il faro si accende e si spegne ad intermittenza.

灯台は断続的に点いたり消えたりする。

conoscere/sapere/potere （知る、できる）

「知って」た？使い分け

〔関連語 conoscersi, conoscente/ sapienza/ potere, essere in grado di, riuscire a〕

　　動詞 conoscere と sapere はどちらも「知っている」というのが基本の意味です。conoscere は「人などを見知っている」という意味でも使われます。

　　sapere は「やり方を習ったりして知っている→できる」という意味でも使われます。同じ「できる」を意味する potere は「〜することが可能である」というのが基本的な意味で、そこから、「〜かもしれない」という推量の意味にもなります。

conoscere　　　　　　sapere

conoscere（知っている）

～について知識がある、人を見知っている

1. Conoscete per caso un buon ristorante qua vicino?
もしかしてこの近くの美味しいレストランを知りませんか？

2. No, non conosciamo bene l'Australia, non ci siamo mai stati.
私たちはオーストラリアのことはよく知らないんです。行ったことがないので。

3. Signora, conosce il Suo vicino di casa, il signor Torri?
すみません、あなたのご近所の、トッリ氏を知っていますか？

勉強や経験などから得た、物事についての全体的な知識がある、詳しい（=sapere）

4. Lei non conosce ancora bene l'italiano ed invece di dire "lo sport è faticoso", ha detto "lo sport è stanco".
彼女はイタリア語をまだよく分かっていません。"lo sport è faticoso"（スポーツは疲れる）と言わずに、"lo sport è stanco（スポーツは疲れている）"と言ってたし。

5. È importante conoscere il patrimonio artistico e storico della proria città.
自分の町の芸術的歴史的遺産に詳しいのは大事なことです。

人と知り合う

6. Paola ha conosciuto un ragazzo giapponese durante un suo viaggio a Parigi.
パオラはパリを旅行中に、日本人の若者に出会った。

7. Mi piace conoscere gente nuova di ogni paese e cultura.
それぞれの国、文化の新しいひとたちと知り合うのが好きだ。

● 経験する

8. Mia nonna, figlia maggiore di cinque fratelli e senza padre,
   fin da bambina ha conosciuto la durezza della vita.

   祖母は、5人兄弟の長女で父親がいなかったが、こどもの頃から人生の辛さを経験した。

9. Ho conosciuto la felicità accanto a mio marito.

   夫といることで幸福を知った。

慣用句&ことわざ

conoscere di vista　面識がある　見知っている

Quel signore lo conosco solo di vista: frequentiamo la stessa
palestra.

あの男性の顔は知っています。同じジムに通っているのです。

関連語

conoscersi 動　お互いに知る、知り合う

Io e mio marito ci siamo conosciuti in aereo.

私と夫は飛行機の中で知り合った。

Paola e Martina si conoscono dalle elementari: frequentavano
la stessa scuola, ma classi diverse.

パオラとマルティナは小学校からお互いを知っている。同じ学校に通っていたが、クラスは別だった。

conoscente 名 (m)(f)　知り合い、知人

Il padre di Luca è un vecchio conoscente della madre di
Martina.

ルカの父は、マルティナの母の古い知り合いだ。

sapere （知っている、分かっている）

複合時制
avere + saputo

sapere は、「学習などによって知っている、分かっている」というのが基本的な意味です。そこから、「やり方を習ったりして知っている→できる」という意味でも使われます。また、情報として「～ということを知っている」のように、節を目的語にすることができます。

● 学習、実践、経験によって知っている（=conoscere）

10. Paola sa molto bene l'inglese e il francese: parla queste lingue fluentemente.

パオラは英語とフランス語をとてもよく知っていて、これらの言語を流ちょうに話す。

11. Vorrei sapere il significato di questo ideogramma.

この漢字の意味を知りたいのですが。

12. Sapete il risultato delle elezioni?

選挙の結果を知っていますか？

● sapere + 節 / 疑問詞を伴った節　～を知っている

13. Sapevo che eri partito.

君が出発したのは知っていたよ。

14. Scusi, sa dove devo scendere per andare a Piazza Mazzini?

すみません、マッツィーニ広場へ行くには、どこで降りればいいか知っていますか？

15. Sai come sarà il tempo domani?

明日の天気はどうなるかわかる？

16. Sa a che ora torna in ufficio l'avvocato?

弁護士さんがいつ事務所に戻るかご存じですか。

17. Prima di venire in Giappone non sapevo che ci fossero tanti tipi di cicale.

日本に来る前は、セミにたくさんの種類があることを知りませんでした。

注意

conoscere のあとに節を続けることはできません。sapere には節を続けることができます。

× Lui conosce che domani è festa.

彼は明日は休日だと知っている。

▶この文は間違いです。domani è festa は節なので、conoscere の後に続けることはできないからです。

○ Lui sa che domani è festa.

● **sapere + 不定詞** 　〜できる、〜できる能力がある

18. Paola sa ballare; Martina, invece, sa suonare un po' il piano.

パオラは踊れる。一方マルティナは、ピアノを少々弾くことができる。

19. Sapevo guidare, ma non guido da molto e forse adesso ho dimenticato.

車の運転は知っていたけど、ずっと運転していないので今はたぶん忘れてしまった。

20. Non so ancora giocare bene a tennis, ma piano piano sto migliorando.

まだテニスがうまくできない。でも少しずつうまくなっている。

21. È piccolo ma sa già leggere e scrivere.

彼は小さいけど、もう読んだり書いたりできる。

比べてみよう！

conoscere と sapere

conoscere には不定詞は続きません。sapere には不定詞を続けることができます。

Conosco il gioco degli scacchi giapponesi "shougi".

日本のチェスである将棋（というものがあること）を知っています。

Io so giocare a shougi.

将棋の遊び方を知っている。

▶将棋で遊ぶことができる、その能力があるという意味です。

慣用句&ことわざ

sapere〔conoscere〕qualcosa dalla A alla Z

1から10まで知っている、一部始終知っている

Franco sa〔conosce〕dalla A alla Z la storia del calcio italiano degli ultimi venti anni.

フランコは、ここ20年のイタリアサッカーについて、1から10まで知っている。

関連語

sapienza 名 (f)　知、知恵

I proverbi sono espressione della sapienza popolare.

ことわざは人間の知恵が表れたものである。

potere（できる・可能である）

複合時制：avere + potuto
後に続く不定詞が essere を取る動詞の
場合は essere + potuto/a/i/e

potere は「～を可能にする力がある→～することが可能である」
というのが基本的な意味です。そこから、「～かもしれない、～す
る可能性がある」という推量の意味になります。さらに、許可を得
るときやものを頼むときにも使います。

● ～かもしれない、～する可能性がある

22. Tutti possiamo sbagliare: siamo esseri umani.

> だれでも間違える可能性がある。人間だもの。

23. Con questo freddo potrebbe anche nevicare.

> この寒さでは、雪も降るかもしれない。

24. Paola, in Giappone, se vuole, potrà studiare anche un po' il
    giapponese.

> パオラはもしそうしたいなら、日本で、日本語を少し勉強することもできるだろう。

● 許可や承認を得る

「～は可能ですか？→～してもいいですか？」で、許可を得る言
い方になります。

25. Permesso, posso entrare?

> すみません、入っていいですか？

26. Non potete uscire fino al termine dell'esame.

> 試験の終了まで出てはいけません。

27. Non si può fumare nei luoghi pubblici.

> 公共の場所では煙草を吸ってはいけません。

28. Un turista non è potuto entrare in chiesa perché portava i
bermuda.

バミューダパンツをはいていたので教会に入ることができない旅行者がいた。

● 丁寧に頼む

「あなたは〜が可能ですか？→〜してくれますか」の場合は結果
としてものを頼んでいることになり、直接的ではない丁寧な頼み方
になります。

29. Potresti aprire la finestra, per favore?

窓を開けてもらってもいい？

30. Puoi prestarmi una penna?

ペンを貸してもらえる？

● 〜できる能力や状態にある

☞ この意味では riuscire を使うこともできます。

※動詞 13 succedere/seguire /riuscire ☞ p. 99

31. Per fortuna, alla mia età, posso ancora leggere senza
occhiali.

さいわい、私の年でも、まだ眼鏡をかけずに読むことができる。

32. Lui è così forte che può sollevare anche un peso di cento
chili.

彼は強いので、100 キロの重さでも持ち上げることができる。

33. Non ho potuto telefonarti a quell'ora perché ero in
riunione.

あのときは会議中だったので、あなたに電話できなかった。

sapere と potere

　sapere は「やり方を習ったりして知っているからできる」という場合に使います。それに対して potere は能力があったり、状況が許したりすることによって可能である場合に使います。

Io non so nuotare.

泳げません。（泳ぎ方を知らない）。

Io non posso nuotare.

泳げません（泳ぎ方を知らないわけではなく、なにかの事情でそのとき泳げない）

　2 つの動詞の違いを次の文で見てみましょう。

Io so nuotare ma, oggi, non posso perché ho il raffreddore.

泳ぎ方は知っているけど、今日は風邪を引いているから泳げない。

Certo, Paola sa giocare a tennis. Oggi piove, però, e non può.

もちろん、パオラはテニスができるよ。今日は雨だからできないけど。

a più non posso　全力で、これ以上できないほど

☞ posso は変化せずこのままの形で使います。

I giorni prima della gara gli atleti si allenarono a più non posso.

試合の前の数日、選手たちは全力でトレーニングした。

Piove a più non posso.

雨がこれ以上ないほど激しく降っている。

potere 名 (m) 力、権力

Nelle monarchie assolute il sovrano aveva il potere supremo.

専制君主制では、君主は最高権力を持っていた。

Questa calamita ha un potere di attrazione davvero molto forte.

この磁石は実に強い磁力を持っている。

essere in grado di + 不定詞　～できる状態にある

Non sono in grado di rispondere a questa domanda: non ho ancora studiato il passivo.

この質問には答えられません。まだ受動態を学んでいないんです。

Non è stato in grado di tradurre quell'articolo, perché non aveva con sé il dizionario.

彼はこの記事を翻訳することができなかった。辞書が手元になかったので。

▶この場合、potere を使うことも可能です。状況（辞書がないこと）が許さなかったということです。

Non è stato in grado di tradurre quell'articolo, perché era troppo difficile per lui.

彼はこの記事を翻訳することができなかった。彼には難しすぎたので。

▶この場合、sapere を使うことも可能です。彼の言語知識が十分なレベルではなかったということです。

Dobbiamo essere in grado di distinguere notizie false da quelle vere.

真実のニュースとフェイクニュースを見分けられるようでなければいけない。

▶この文では sapere とも potere とも交換可能です。

riuscire a 　～に成功する、うまくいく、（可能性ではなく）実際に～することに成功する

Oggi non riesco a guidare.

今日は運転ができない（動揺しているから、疲れ過ぎているから、などの理由で）

比べてみよう！

essere in grado, potere, sapere

　同じ「運転ができない」でも、イタリア語だと次のように使い分けられます。

Non sono in grado di guidare.

運転できない（運転する身体的なコンディションにない）

Non posso guidare.

運転できない（免許証を忘れたので運転が許されない）

Non so guidare.

運転できない（まだ免許を持っていない）

　「できる」を意味する動詞がすべて入った文を見てみましょう。

So nuotare, posso [sono in grado di] nuotare anche per 3.500 m, senza riposarmi. Ma, recentemente sono spesso troppo stanca e non ci riesco.

ci=3,500 メートル泳ぐことは

泳ぎを知っています。休まずに 3,500 メートル泳ぐことも可能です。でも、最近はすぐ疲れてしまうのでできません。

credere/pensare （信じる / 思う・考える）

頭の中で何が起きている？

〔関連語 incredibile/ pensiero, pensieroso〕

　　credere は「何かを本当だとみなす＝信じる」というのが基本の意味です。pensare は「頭の中で考えをめぐらす」というのが基本の意味で日本語の「思う・考える」に当たります。ci や ne などと一緒に使われ、考えの向く先を表します。

credere　　　　　　　pensare

○ **credere** （信用する、ほんとうであると信じる）

複合時制
avere ＋ creduto

● **credere in/a ～** （人を）信用する、信頼する

1. Paola crede nei suoi amici ciecamente.

　　パオラは友達をやたらと信頼している。

2. Martina non ha mai creduto agli uomini che parlano troppo.

マルティナは、おしゃべりな男を信用したことがない。

3. Per realizzare un sogno è molto importante credere in sé stessi.

夢を実現するには、自分自身を信じることが大切だ。

● credere a/in ～

人や物、事がほんとうにある、ほんとうであると信じる

4. Gli atei non credono nell'esistenza di nessuna divinità.

無神論者は、いかなる神の存在も信じない。

5. Luca ha creduto in Babbo Natale e nella Befana fino a otto anni.

ルカは8歳まで、サンタクロースとベファーナを信じていた。

※ベファーナ＝老婆姿の魔女。1月6日のエピファニアの時期に現れるという。サンタクロースのように、いい子にしているとプレゼントをもってきてくれると信じられている。

6. -Franco tu credi nel colpo di fulmine in amore?

フランコ、一目ぼれって信じる？

※ colpo di fulmine= 一目ぼれ

> ci は（そのことを＝ひとめぼれを）を表します。

-Sì, ci credo!

うん、信じるよ！

7. Molti credono alle fake news perché è difficile distinguerle.

多くの人が、フェイクニュースがほんとうだと信じている。見分けるのが難しいからだ。

8. La polizia non ha creduto al suo racconto ed adesso sta indagando.

警察は彼の話が信用できなかったので、今詳しく調べている。

● 意見を言う場合や、しようと思っていることを表すときに

credere che + 接続法　　～と思う（主節と主語が違う場合）

credere di + 不定詞　　～と思う（主節と主語が同じ場合）

9. Credo che Paola sia già partita per il Giappone.

パオラはもう日本へ向けて出発したと私は思う。

10. Credevamo di passare un fine settimana rilassante in campagna ed invece siamo rimasti in città.

私たちは田舎でゆったりした週末を過ごそうと思っていたのに、町に残りました。

関連語

incredibile 形 信じられない、信じられないほどの

Non capisco il successo incredibile che sta avendo questo film.

この映画が手にしつつある信じられないほどの成功を、私は理解できません。

È incredibile che in una settimana tu abbia rotto due paia di scarpe!

君が靴を一週間で2足もダメにしたなんて、信じられない！

pensare（考える　思う）

複合時制
avere + pensato

「頭を使ってあれこれ考える」という意味です。意見を表すときの「～だと思う」の意味でも使われます。

ci や ne などとともに使われることが多く、句動詞的な意味を持ちます。

● **pensare a** ～のことを考える、ものごとについてよく考える

考えを物や人に向けるという意味です。過去のことに考えを向ける場合は、「思い出す」という意味になります。

11. Stavo pensando proprio a te.

まさにあなたのことを考えていたの。

12. Pensiamo spesso ai nostri amici lontani.

わたしたちは、遠くの友達のことをよく考えます。

さらに深く！

pensare a lui の a lui のような強勢形の間接補語人称代名詞が無強勢になるとき、直接補語人称代名詞（lo など）になります。

-Pensi spesso a lui?

彼のことをよく考えるの？

○ -Sì, lo penso spesso.

ええ、よく彼のことを考えます。

× -Sì, gli penso spesso.

13. Quando penso al nostro prossimo viaggio in Patagonia, mi sento molto eccitato.

    私たちの今度のパタゴニア旅行のことを考えると、とてもワクワクします。

14. Sto pensando a come fare per migliorare la mia abilità nel disegno.

    絵を描く能力を上げるにはどうしたらいいか考えています。

15. -Ricordi quando da bambini venivamo qui a raccogliere le conchiglie?

    > この ci は「そこに」という意味で、考えが向いている「ものごと」を指しています。

    -Sì, ci penso spesso.

    - こどもの頃、わたしたち、ここへ貝殻を拾いに来たのを覚えてる？
    - うん、よくそのことを思い出すよ。

● 考慮する、任される （pensare + ci の形で）

16. -Chi porta Pepe a fare la passeggiata?

    -Ci pensa Luca.

    - だれがペペを散歩に連れていくの？
    - ルカがやるよ。

    ci= ペペを散歩に連れていくことについて

17. -Chi pensa a comunicare agli studenti circa il cambiamento dell'orario?

    -Ci penso io!

    - 時間割の変更について生徒達に伝えるのは誰に任せますか？
    - 私がやるよ。

● **他人の意見を聞きたいときに**

> ne はここでは「それについて」という意味を表します。

Che ne + pensare? どう思う？

Che ne + pensare + di 〜 ? 〜についてどう思う？

☞ 質問のときだけしか使いません。

18. -Che ne pensi del nuovo insegnante?

    - Mi sembra in gamba.

    - 新しい先生についてどう思う？
    - 優秀っぽいよ。

19. Oggi è una bellissima giornata. Che ne pensate di fare una gita in macchina?

    今日は最高にいい天気だ。ドライブに出かけるのはどう？

20. Pensavamo che sarebbe meglio posticipare l'incontro al prossimo lunedì. Lei che ne pensa?

    わたしたちは、来週月曜日の集まりを延期する方がいいと思っていました。あなたはどのようにお考えですか？

● **pensare di + 不定詞**（主節と主語が同じ場合）
    〜しようと考える

    pensare che + 接続法などの節（主節と主語が違う場合）
    〜だと考える

21. Paola pensa di stare a casa della sorella di Luca per qualche giorno a Tokyo e poi di girare per il Giappone.

    パオラは、東京で何日かルカの妹の家に滞在して、それから日本を周ろうと考えている。

22. Penso che tu debba riflettere bene prima di prendere una
    decisione.

君が決断を下す前に、よく考えた方がいいと思うよ。

さらに深く！

「考える」と言いたいときは pensare を使います。

「〜だと思う」と言いたいときは pensare も credere もどちらも
使えます。

- Pensi [Credi] che sia possibile imparare bene una
  lingua in un mese?
- No, penso [credo] di no.

- ある言語を1ヶ月間で習得することは可能だと思う？
- いや、できないと思う。

▶次の文は「考える」の意味なので credere は使えません。

- Hai pensato bene che se vai ad abitare in una grande
  città la vita è più cara?
- Sì, certo ci ho pensato.

- 大都市に住んだらもっと生活費がかかることについて、ちゃんと考えてみたの？
- うん、もちろん考えたよ。

pensare が過去形になっているときは「考えた結果を出した」
というニュアンスになります。

関連語

pensiero 名 (m) 考え、意見、心配

動詞 pensare の意味を名詞化したものです。

Paola dice sempre chiaramente il suo pensiero.

パオラはいつもはっきりと意見を言う。

Lei, ultimamente, con il lavoro ed i figli ha tanti pensieri.

彼女は最近、仕事とこどものことで心配が多い。

・思いやり、プレゼント

Grazie per il regalo. È stato davvero un pensiero gentile.

プレゼントをありがとう。ほんとうに思いやりのある贈り物だったよ。

pensieroso 形 心配ごとのある、考え込んだ

Mi sembri pensieroso. Hai qualche problema?

考え込んでるみたいね。なにか悩みでもあるの？

aumentare/salire （増える・上る）

上下・増減

〔関連語 diminuire, aumento/ scendere, salita〕

    aumentare は量や数値などについて「増やす」「増える」の意味で使われ、反対語は diminuire「減らす」「減る」です。salire は「高い方へ動く＝上がる」が基本的な意味で、価（あたい）などが上昇する場合にも使われます。反対語は scendere「下りる」。salire と scendere は自動詞でしか使われません。

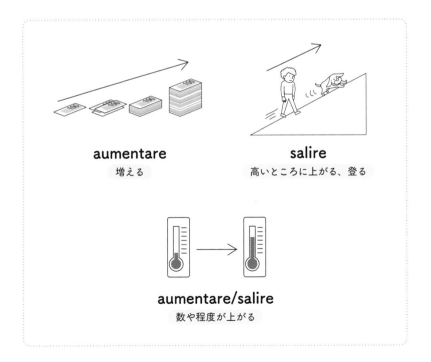

aumentare
増える

salire
高いところに上がる、登る

aumentare/salire
数や程度が上がる

aumentare
（増やす・増える・上がる・上げる）

複合時制：avere+ aumentato
または essere+ aumentato/a/i/e

増やす（他動詞で）

1. Lui ha aumentato le sue entrate svolgendo anche altre attività.

   彼はその他の事業も展開することで収入を増やした。

2. Franco vuole aumentare la sua massa muscolare con un intenso allenamento.

   フランコは集中的なトレーニングによって筋肉量を増やしたがっている。

3. Il nostro capo aumenterà il numero di pc in ufficio.

   うちの上司はオフィスのパソコンの数を増やすつもりだ。

上げる（他動詞で）

4. Aumenta il volume del televisore! non ci sento bene.

   テレビの音量を上げてくれ、よく聞こえないんだ。

5. Il presidente ha deciso di aumentare lo stipendio dei dipendenti.

   社長は従業員の給料を上げると決めた。

6. I paesi dell'OPEC hanno aumentato il prezzo del petrolio.

   OPEC（石油輸出国機構）諸国は石油の価格を上げた。

● 増える （自動詞で）

☞複合時制の助動詞は essere を取ります。

7. I visitatori a questa esposizione aumentano di anno in anno.

この展示会の訪問者は年々増え続けている。

8. Negli ultimi anni sono aumentati gli ultrasettantenni in buona salute.

ここ数年、健康な 70 歳以上の人が増加した。

9. Stanno aumentando le truffe on line.

ネット上の詐欺が増えている。

10. In Italia, come fonte energetica alternativa, è aumentato molto l'uso di pannelli solari.

イタリアでは、代替エネルギー源として、太陽光パネルの使用が非常に増えた。

● 上がる （自動詞で）

☞複合時制の助動詞は essere を取ります。

この意味では salire も使えます。

11. A causa dell'effetto serra le temperature medie sono aumentate.

温室効果のせいで、平均気温が上がった。

12. Davvero le tasse sull'eredità aumenteranno presto?

もうすぐ相続税が上がるってほんと？

13. Mio padre sta seguendo una dieta perché i suoi valori di glicemia nel sangue sono aumentati leggermente.

父は食餌制限をしている。血糖値が少し上がったからだ。

diminuire 動 減る、減らす　下がる、下げる ⇔ aumentare

Il deumidificatore serve a diminuire il grado di umidità nell'aria.

除湿器は空気中の湿度を下げるのに役立つ。

Alcuni negozi hanno diminuito i prezzi per attirare più consumatori.

いくつかの店は、消費者を惹きつけるため、価格を下げた。

Le nascite in Italia ed in Giappone sono diminuite.

イタリアと日本の出生率は減少した。

aumento 名 (m) 増加、増えること

L'aumento della tassa diretta sui consumi ha provocato dissensi.

消費税の増税は反対論を巻き起こした。

In ottobre si avrà un'ondata di aumenti sui generi alimentari di prima necessità, come latte, olio, ecc..

10月に、牛乳、油、などの必需食品値上げの波が来るだろう。

salire （上がる、登る）

複合時制
essere + salito/a/i/e または avere + salito

☞基本は自動詞ですが、他動詞的に目的語を伴って使う場合もあります。

● 上がる、登る

14. Abito al terzo piano e di solito salgo a piedi [per le scale].

4階に住んでいて、いつもは歩いて（階段で）上がります。

15. Paola, posso salire un attimo? Ti ho portato il libro che volevi.

（アパートのインターフォンで）パオラ、ちょっと上がっていい？欲しがってた本を持ってきたの。

16. Siamo saliti fin quasi in cima alla montagna con la seggiovia.

私たちは、チェアリフトで山のほぼ頂上まで登った。

● 数や程度が上がる、増える　=aumentare

17. Le temperature continuano a salire, ormai l'estate è vicina.

気温が上がり続けている。もう夏が近い。

18. Il prezzo della verdura e della frutta è salito moltissimo a causa dell'ondata di gelo.

寒気のせいで、野菜や果物が大幅に値上がりした。

19. Al bambino è salita la febbre, sarà meglio chiamare il medico.

こどもの熱が上がった。医者を呼ぶ方がいいだろう。

● salire ＋ su, in など＋乗り物　〜に乗る

20. Prima di salire sull'autobus ho comprato il giornale.

バスに乗る前に新聞を買った。

21. Ragazzi, forza, salite in macchina! Partiamo!

みんな、さあ車に乗って！出発しよう！

22. Alcuni ragazzi sono saliti sul treno senza obliterare i biglietti.

幾人かの少年は、切符を刻印せずに電車に乗った。

※イタリアでは電車に乗る前に、刻印機を使って自分で切符に刻印します。

● 高い位に就く

23. Lui è salito al trono, diventando re.

彼は王になり、王座に就いた。

24. Martina è salita di grado: adesso è la responsabile della sua sezione.

マルティナは昇進した。今や部門の責任者だ。

● （自然現象で）上がる、立つ

25. Quando la marea sale, parte di questa spiaggia viene coperta dal mare.

潮が満ちるとき、この浜の一部は海に浸される。

26. Quando la nebbia sale molto, sembra di essere avvolti dall'ovatta.

霧が濃く立ち上ると、綿に包まれたように見える。

salire il sangue alla testa   頭に血が上る、かっとなる

Quando Franco ha visto l'ex ragazzo della sua ragazza gli è salito il sangue alla testa.

フランコは彼女の元彼を見たとき、頭に血が上った。

scendere 動 （自動詞）　降りる、下がる ⇔ salire

Quando sono scesa dal treno mi sono accorta di aver dimenticato l'ombrello.

電車から降りたとき、傘を忘れたのに気が付いた。

Franco è sceso un attimo a comprare il latte.

フランコは牛乳を買いにちょっと階下に降りた。

☞イタリアでは集合住宅が多いので、家から出るときに scendere という言葉をよく使います。

Aspetto che il prezzo delle tariffe aeree scenda per andare in Italia.

イタリアに行くために、航空運賃が下がるのを待っています。

La notte scende, si fa buio in campagna, le montagne diventano ombre, i fiumi diventano argento che scorre sotto un cielo brillante di stelle.

夜が降りて、野は日暮れ、山は闇に変わる。川は銀に変わり星が輝く空の下を流れる。

salita 名 (f) 上り坂、上ること、登ること

In cima alla salita c'è una torre dalla quale si vede un panorama a 360 gradi.

坂の上に塔があって、そこから360度のパノラマが見える。

Pedalare in salita è troppo faticoso, preferisco camminare.

坂道でペダルを漕ぐのはあまりにも疲れる。私は歩く方がいい。

さらに深く！

山や高いところに登る・降りると言いたいときは salire/scendere を使います。直接目的語は取らないことに注意しましょう。

Siamo saliti sul monte Fuji e prima di scendere siamo riusciti a vedere l'alba.

私たちは富士山に登りました。降りる前に朝日を見ることができました。

Fifì è salita sul tetto e adesso non sa scendere da sola.

フィフィは屋根に登ったが、今は自分で降りられない。

☞険しい山によじ登ると言いたいときは scalare を使います。

階段を上ると言いたいときは salire le scale でも salire per le scale でもどちらの言い方もできます。過去形はそれぞれ次のようになります。

Ho salito le scale.

> この場合だけ salire は他動詞的な使い方をします。

私は階段を上がった。

Sono salito per le scale.

私は階段で上がった。

buttare/lanciare （投げる）

「投げ出さ」ないでもう少し頑張ろう！

〔関連語 gettare, buttarsi/lancio, tirare〕

buttare はとくに目標をもたずに放り投げることを表します。lanciare は、決まった地点を目指して投げることを意味しています。とくに野球、サッカー、テニスなどの球技で球を投げる場合には lanciare を使うのが基本です。

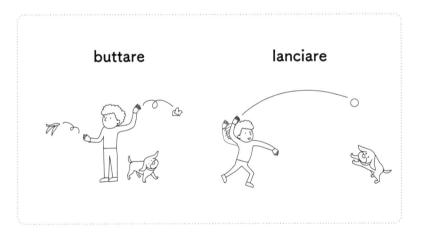

buttare　　　　　　　lanciare

○ **buttare** （放り投げる）

複合時制
avere + buttato

● **放り投げる**

一般的にとくに方向は決めずに投げる場合に使います。

1. La bambina ha buttato il pallone in mare. Chi lo va a prendere?

   女の子がボールを海に放り投げた。誰が取りにいくの?

2. Vietato buttare oggetti dal finestrino.

   車窓から物を投げることを禁ずる。

3. Bambini, se buttate i giocattoli dal balcone, mi arrabbio sul serio!

   こどもたち、バルコニーからおもちゃを放り投げたら、ほんとに怒るよ!

突き飛ばす

4. L'arbitro ha penalizzato un calciatore che aveva buttato a terra un giocatore avversario.

   審判は、相手チームの選手を突き飛ばしたサッカー選手を反則とした。

5. Un uomo, mentre correva inseguito dalla polizia mi ha buttata a terra con una spinta.

   男が、警察から追われて走っているときに、私を突き飛ばした。

(料理で鍋などに)投入する

6. Cara, puoi buttare la pasta, arrivo tra poco.

   ねえ、パスタをゆで始めて。もうすぐ着くよ。

7. Attenzione alle scottature quando buttate il pesce, per friggerlo, nell'olio bollente.

   魚を揚げるのに熱した油に入れるときは、やけどに注意しましょう。

捨てる

8. Ho buttato un paio di scarpe che avevano un buco nella suola.

   底に穴が開いていた靴を一足捨てた。

9. Mia madre non buttava mai il pane raffermo: ne faceva pangrattato.

母は硬くなったパンを決して捨てずに、それでパン粉を作った。

● 浪費する

10. Franco a volte butta il denaro in cose inutili e poi se ne pente.

フランコはときどきどうでもいいものにお金を浪費して、あとで後悔する。

11. Il direttore non vuole buttare né tempo e né soldi in questo progetto.

上司はこの計画に時間もお金も無駄遣いしたくない。

慣用句&ことわざ

buttare fiato   言っても無駄だ

Con lui butti solo fiato: non ti ascolta!

彼には言っても無駄だよ。あなたの言うことは聞かないから。

buttare [mandare] all'aria   台無しにする

Quell'impiegato è un incompetente: stava per mandare all'aria un affare quasi concluso.

あの社員は能力がない。ほとんど決まりかけた取引を台無しにするところだった。

関連語

gettare 動 投げる、放つ =buttare

Martina ha gettato per sbaglio un documento importante nella spazzatura. Per fortuna ne aveva una copia.

マルティナは間違えて大事な書類をゴミとして捨ててしまった。さいわい、コピーを持っていた。

buttarsi 動　身を投げる、飛び込む

Franco, in piscina, si è buttato dal trampolino facendo un tuffo molto elegante.

フランコは、飛び込み台からとても優雅なダイビングでプールに飛び込んだ。

---

lanciare （投げる）

複合時制
avere + lanciato

● **手または道具で、ある方向を目がけてものを投げる、発射する**

スポーツで、砲丸、ヤリ、円盤、などを投げるときにも使われます。

12. Franco da bambino si divertiva a lanciare lontano sassolini con la fionda.

フランコはこどもの頃、ぱちんこで小石を遠くに飛ばして遊んでいた。

13. Per lanciare un peso, un giavellotto o un disco il più lontano possibile ci vuole la massima concentrazione.

砲丸やヤリや円盤を出来るだけ遠くへ投げるには、最大の集中力が必要だ。

14. Ho lanciato una freccia, centrando il bersaglio.

的を目がけて矢を放った。

15. Nel baseball chi lancia la palla si chiama "lanciatore" e chi riceve questa palla "ricevitore". Chi, invece, la batte, "battitore".

野球では、ボールを投げるのは投手、そのボールを受けるのが捕手です。それに対して、ボールを打つひとは打者といいます。

● （話、視線などを）向ける

16. Martina ha lanciato uno sguardo a Paola per farle capire
    che era stanca della festa e che voleva andar via.

    マルティナはパオラの方に目を向けて、パーティーに飽きたのでもう帰りたいと合図
    した。

17. I genitori del bambino rapito hanno lanciato un appello ai
    rapitori implorandoli di restituirgli il figlio.

    誘拐されたこどもの両親は、誘拐犯に呼びかけて、息子を返すよう懇願した。

● 世の中に出す、市場に投入する

18. Il nuovo prodotto lanciato sul mercato lo scorso aprile è
    diventato subito molto popolare.

    4月に市場に投入された新しい製品は、すぐにたいへん人気になった。

19. Una nota casa discografica è molto interessata a lanciare
    quel giovane cantante.

    ある有名なレコード会社が、あの若い歌手を売り出すのに非常に興味をもっている。

慣用句&ことわざ

lanciare [gettare] il guanto (di sfida)
手袋を投げる→決闘を挑む

Quel noto politico ha lanciato il guanto di sfida. Adesso
bisogna vedere chi lo raccoglierà.

あの有名な政治家は決闘を挑んだ。今や誰が受けて立つか見る必要がある。

lancio 名 (m) 発射、投げること

Il lancio del missile è stato rinviato per problemi tecnici.

ミサイルの発射は技術的な問題で延期された。

Il lancio del martello è una disciplina atletica ultimamente popolare anche fra le donne.

ハンマー投げは、最近女性の間でも人気の競技種目だ。

tirare 動 引っ張る→蹴る、殴る、撃つなど

的やゴールをねらうスポーツなどで、lanciare 以外に tirare を使う場合があります。サッカーでは「蹴る」、ボクシングでは「殴る」、弓や銃で「撃つ」、などの場合に使われます。

Il portiere ha lanciato la palla ad un giocatore della sua squadra che, per sbaglio, l'ha tirata ad un giocatore avversario.

キーパーがボールを同チームの選手に投げたが、その選手は間違えて敵の選手に向かってボールを蹴ってしまった。

Il pugile ha tirato un sinistro fortissimo al suo avversario mettendolo a K.O.

ボクサーは相手に強烈な左パンチを打ち、ノックアウトした。

L'atleta ha tirato due colpi con la carabina ed ha centrato con entrambi il bersaglio.

競技者はカービン銃で 2 発撃ち、二つの的のどちらにも命中した。

volerci/metterci/bisogna/ avere bisogno（必要である）

「必要」だからまとめて覚えよう！

〔関連語 volontà, necessario〕

　どの表現も、「必要である」という意味で使われます。注意すべきポイントは、volerci と bisogna は「必要としている人」が主語にならないことです。「誰々が必要としている」のように言いたい場合は metterci と avere bisogno を使います。

volerci

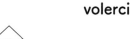

10 minuti

Ci vogliono dieci minuti.

10分かかる。

metterci

5 minuti

Luca con Pepe ci mette, correndo, cinque minuti.

ルカはペペと走って5分かかる。

volerci（必要である）

三人称単数または三人称複数のみで使います。

ci は冗語で、具体的な場所などを表しているわけではありません。

volerci ＋ 名詞　必要である、時間などがかかる

1. Ci sono voluti anni e anni per completare i lavori della metropolitana.　「時間や必要なものごと」が主語になります。

地下鉄工事を完成するのに何年もかかった。

2. Da casa mia ci vogliono solo quindici minuti di treno per arrivare agli scavi di Pompei.

うちからポンペイ遺跡に着くまで電車で 15 分しかかからない。

3. Oggigiorno ci vogliono tanti soldi per crescere i figli.

今日ではこどもを育てるのに、たくさんのお金がかかる。

4. In caso di terremoto ci vuole calma.

地震のときは冷静さが必要だ。

5. Mamma, il sugo è un po' insipido, forse ci vuole un altro po' di sale.

ママ、スープの味がちょっと薄いよ。たぶんもう少し塩気が要るかも。

volerci per 人　（人）にふさわしい

6. Lui è proprio l'uomo che ci vuole per Martina.

彼はまさにマルティナにふさわしい男だ。

7. Le ci vorrebbe un lavoro più stimolante.

彼女にはもっと刺激的な仕事がふさわしいだろうに。

157

non ci voleva (proprio) そうであって欲しくなかった

望まないことが起こったときの失望を表します。

Il pc si è rotto ed entro stasera devo consegnare una traduzione urgente. Non ci voleva proprio!

パソコンが壊れたのに、今夜緊急の翻訳を仕上げなければいけない。ほんとにやめてほしい！

Tra poco verrà improvvisamente mia suocera e a casa c'è il disordine totale. Non ci voleva!

もうすぐ姑が突撃訪問に来る。家の中はぐちゃぐちゃだ。やめてほしい！

volontà 名 (f) 意志

Martina, con la sua forte volontà, forse riuscirà a fare carriera.

マルティナは強い意志で、キャリアを積むことができるだろう。

○ metterci （時間などをかける）

複合時制
avere + messo

metterci + 時間 （人が）時間（何分、何時間など）をかける

8. -Quanto tempo ci metti da casa fino a scuola?

   - A piedi ci metto mezz'ora. In bici, invece, dieci minuti.

   - 家から学校までとのくらい時間がかかるの？
   - 歩きだと 30 分かかるけど、自転車だと 10 分です。

9. Oggi sono un po' occupata; penso di metterci più tempo del solito a finire tutto.

   今日は少し忙しいので、すべてを終わらせるのにいつもより時間がかかると思う。

10. Pepe mangia molto velocemente. Ci mette solo due minuti a svuotare la ciotola.

ペペはとても食べるのが速い。器を空にするのに2分しかかからない。

さらに深く！

volerci の主語は「時間や必要なものごと」、metterci の主語は「必要とする人」です。さらに違いがわかるように次の例文を見てみましょう。

Di solito ci vogliono 15 minuti a piedi dalla stazione fino a scuola; ma, oggi a causa del tifone ci ho messo mezz'ora.

ふだん、駅から学校まで歩いて15分かかるが、今日は台風のせいで30分かかった。

▶ ci vogliono 15 minuti は通常かかる時間を示しています。それに対して ci ho messo mezz'ora はその日に台風の雨や風のせいで個人的にかかった時間を示しています。

Nella ricetta c'è scritto che ci vogliono dieci minuti per preparare questo piatto, ma, io ci ho messo mezz'ora.

レシピにはこの料理を作るのに10分かかると書いてあったが、私は30分かかった。

▶通常は10分のところを、おそらく慣れなくて手間取ったせいで30分かかったことを示しています。

mettercela tutta　全力を尽くす、一生懸命にやる

In questo lavoro ce la sto mettendo tutta ; spero tanto di avere buoni risultati.

この仕事に全力を尽くしており、良い結果がでることを願っている。

metterci la mano sul fuoco
火に手を置く→断言する、〜に関して確かだと言う

Sicuramente non è stato Luca a picchiare quel ragazzino. Ci metto la mano sul fuoco!

あの男の子をぶったのは確かにルカではない。断言できます。

bisogna（〜することが必要である）　複合時制は使いません。

　動詞 bisognare の非人称構文です。ほぼ、三人称単数の bisogna の形でしか用いられません。

● bisogna + 不定詞　〜することが必要だ

11. Per evitare la sindrome da classe economica, durante un lungo viaggio in aereo, bisogna alzarsi ogni tanto e bere molta acqua.

　　飛行機での長旅の間、エコノミークラス症候群を避けるには、ときどき立ち上がって水をたくさん飲む必要がある。

12. Di nuovo Pepe con problemi di pancia? Bisogna portarlo dal veterinario!

　　またペペはお腹をこわしたの？獣医につれていかなくては！

13. Non bisogna contare solo sulla fortuna nella vita.

人生では、幸運ばかりをあてにしてはいけない。

☞否定形の non bisogna は「〜してはいけない」という意味です。

● bisogna che + 節（接続法） 〜することが必要だ

14. Bisogna che ti lavi le mani quando rientri a casa.

Bisogna

家に入るときは手を洗わなくちゃダメだよ。

15. Bisogna che vi impegniate di più negli allenamenti se volete vincere la gara.

あなたたちが試合に勝ちたいなら、トレーニングに専念する必要がある。

16. Bisogna che Martina finisca un lavoro urgente prima di andare in vacanza.

マルティナは、バカンスに行く前に緊急の仕事を終わらせなければならない。

○ avere bisogno di （〜を必要とする）

bisogno は「必要」という意味の名詞です。

● 主語 + avere bisogno di + 名詞 / 不定詞
（主語）にとって必要である

bisogna と違って、非人称構文ではありません。人などを主語にしたいときに使います。

17. I bambini hanno bisogno anche di giocare per crescere bene.

こどもがよく育つには、遊ぶことも必要だ。

18. Come sei pallida! Penso che tu abbia bisogno di un po' di sole.

なんて青白いの！　あなたはちょっと日にあたった方がいいよ。

19. -Esco un attimo. Hai bisogno di qualcosa?

-Sì, ho bisogno di un limone.

- ちょっと出かけます。なにか必要なものは
ある？
- ええ、レモンが要るの。

Ho bisogno di

関連語

necessario 形 必要な

Sono molti i documenti necessari per ottenere il visto di lavoro.

労働ヴィザを得るために必要な書類はたくさんある。

● essere necessario + 名詞（主語）　〜が必要である　=volerci

È necessaria tanta pazienza con i bambini.

こどもに対しては、多くの忍耐が必要だ。

● È necessario ＋不定詞
È necessario che ＋節（接続法）
〜（すること）が必要である

Non è necessario urlare, non sono sordo.

叫ばなくてもいいです、わたしは耳が聞こえます。

Signora, è necessario che Lei venga qui.

奥さん、こちらまで来ていただく必要があります。

Riassumiamo!

それぞれの表現がどの構文を取るかまとめました。

「必要とされるもの」が主語になる

volerci + 名詞（主語）

essere necessario + 名詞（主語）

「必要とする人」などが主語になる

人（主語）＋ metterci ＋時間

人（主語）＋ avere bisogno di + 名詞 / 不定詞

非人称構文になる

bisogna + 不定詞

bisogna che + 節（接続法）

È necessario ＋不定詞

È necessario che ＋節（接続法）

usare/consumare/spendere
（使う・消費する）

使うとなくなるものもある

〔関連語 uso, usanza, utilizzare/ consumarsi, consumazione/ costare〕

　同じ「使う」でも、人や物などを使う場合は usare、資源を消費する場合は consumare、お金を使う場合は spendere と、それぞれ違う動詞で表します。

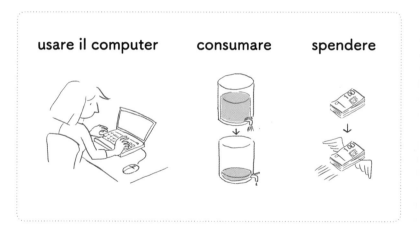

usare il computer　　　consumare　　　spendere

usare（使う）

（人や物）を使う

1. Uso raramente il fon. Lascio che i capelli si asciughino naturalmente.

   ドライヤーはほとんど使いません。髪が自然に乾くように放っておきます。

2. Ha usato un'amica comune per conoscere un ragazzo che le piaceva.

   彼女は気に入っている男の子と知り合うために、共通の友人を使った。

3. Il ripostiglio è pieno di cose che non uso più.

   物置はもう使わないものでいっぱいだ。

4. Il mio insegnante usa sempre parole troppo difficili e non riesco a seguirlo.

   私の先生はいつも難しすぎる言葉を使うので話についていけない。

～を用いる、行使する

5. È un problema che potrebbe suscitare uno scandalo. Ti prego, usa molta discrezione.

   それはスキャンダルを巻き起こしそうな問題だ。お願いだから、おおいに節度をもって行動してくれ。

6. Non è solo importante conoscere le buone maniere, ma usarle!

   マナーを知ることだけが大事なのではありません、実践することが大事なんです！

● usare + 不定詞　習慣として～している、ふだん～している

7. Da bambina, qualche volta, usavo andare la mattina presto in spiaggia con mia madre a comprare il pesce appena pescato.

   こどもの頃、何度か、釣れたばかりの魚を買いに朝早く母と一緒に海岸へ行ったものだった。

8. Molti italiani usano mangiare qualcosa di dolce a colazione.

   多くのイタリア人はふつう、朝食に甘いものを食べます。

● si+ usare + 名詞 / 不定詞
（非人称で）広まっている、流行っている

9. In Giappone in primavera si usa ammirare e festeggiare la fioritura dei ciliegi, mangiando e bevendo.

   日本では、春に、飲み食いしながら桜の花を愛でてみんなで楽しむことが普及しています。

10. È vero che si usano di nuovo le spalline imbottite per le giacche ?

   ジャケットの肩パッドが再び流行ってるってホント？

慣用句&ことわざ

usa e getta　使い捨て

Nelle culture consumistiche ci sono tanti prodotti usa e getta: accendini usa e getta, rasoi usa e getta, fazzolettini usa e getta ed adesso anche i cellulari usa e getta? Incredibile!

   消費文化には、多くの使い捨て商品がある。使い捨てライター、使い捨てカミソリ、ティッシュペーパー，そして今や携帯電話も使い捨て？信じられない！

uso 名 (m) 使うこと、使い方、習慣

Nel suo orto mia sorella cerca di evitare l'uso di fertilizzanti chimici e di pesticidi.

姉は、菜園で、化学肥料や殺虫剤の使用を避けるようにしている。

Per fortuna, in Italia, l'uso di buttare le cose vecchie dalle finestre la notte di Capodanno è sparito.

イタリアでは幸いにも、大晦日の夜に古い物を窓から捨てるという習慣はなくなった。

usanza 名 (f) 習慣・風習

A Pasqua è usanza [uso] in Italia mangiare uova di tutti i tipi soprattutto di cioccolata.

復活祭のとき、イタリアでは、様々な種類の卵、とりわけチョコレートの卵を食べる風習がある。

utilizzare 動 利用する、活用する

Paola utilizza sempre una matita come segnalibro.

パオラは、本のしおりとして、いつも鉛筆を利用している。

　usare は utilizzare の持つ意味をカバーし、いつでも utilizzare の代わりに usare を使うことができます。しかし、usare の代わりにいつでも utilizzare を使える、というわけではありません。usare が「何かをそのものが持つ使用目的のために使う」という意味であるのに対して、utilizzare は「ものがもともと持っていない使用目的に利用する」という意味にのみ使われます。

例 ちょっとペンを使ってもいい？

× Posso **utilizzare** la tua penna un attimo?

▶ペンはすでに書くという目的で
　使えるものなので、utilizzare は
　使えません。この場合は usare
　を使います。

　しかし次の文では utilizzare が
使えます。

例 何回かペンを髪留めとして利用した。

○ Qualche volta **utilizzo [uso]** la penna come
　fermacapelli.

▶こちらは正しい文です。なぜなら、書くという本来ペンが
　もつ目的を変容させて、髪をまとめるのに利用しているからからです。

その他の例

Uso la bici per andare a lavorare.

仕事に行くのに自転車を使う。

Uso il coltello per tagliare il salame.

サラミを切るのにナイフを使う。

Utilizza [usa] una forcina (per i capelli) per aprire la serratura perchè non trova le chiavi.

鍵が見つからないので、錠を開けるのにヘアピンを利用する。

Utilizzo [uso] gli avanzi della cena di ieri sera per il pranzo di oggi.

今日の昼ご飯に、昨日の夕飯の残りを活用する。

consumare （消費する、使って減らす）

複合時制
avere + consumato

● 資源や物質などを消費する、すり減らす

11. Luca ha messo tante volte quei jeans da consumarli sul serio: si è aperto un buco sul didietro.

ルカは、何度もあのジーンズをはいて、ほんとうにはき潰した。おしりに穴が空いてしまったのだ。

12. Consumo troppa acqua, devo stare più attenta.

水を使い過ぎだわ。もっと注意しなくちゃ！

13. È meglio comprare questa macchina perché consuma meno benzina.

この車を買う方がいい、ガソリンの消費が少ないから。

14. I vecchi tipi di condizionatori consumano molta energia elettrica.

古いタイプのエアコンは電力をたくさん食う。

15. Ma quante candele hai consumato ieri per quella cena romantica?

あのロマンティックな夕飯のために、昨日いったいどれだけのろうそくを使ったの？

16. Per fare la torta avete consumato tutto lo zucchero? Ma quanto ne avete usato?

ケーキを作るために、砂糖を全部使ったの？いったいどれだけ使ったの？

● 時間を浪費する

17. A volte si consuma tanto tempo in stupide polemiche.

ときどき、ばかげた論争で多くの時間が浪費される。

● （食べ物、飲み物を）消費する

18. Da consumare preferibilmente entro questa data.

期日以内の消費が望ましい。

19. I giapponesi amano il pesce, ne consumano molto.

日本人は魚が好きで、消費が多い。

20. Molti italiani consumano il caffè in piedi, al bar.

多くのイタリア人は、バールで立ってコーヒーを飲む。

consumarsi 名 自身の部分、能力などを消費する

Non leggere con quella luce così fioca: ti consumi la vista.

こんな弱い明かりで本を読まないで。目が悪くなるよ。

Si è consumata la pila del telecomando. Vado un attimo a comprarla.

リモコンの電池が切れた。ちょっと買いに行ってくる。

consumazione 名 (f) 飲食代、消耗

Il biglietto di ingresso comprende anche la consumazione di una bibita analcolica.

入場券にはソフトドリンク 1 杯分の代金が含まれています。

◦ spendere（お金を使う、費やす）

複合時制
avere + speso

　お金を「支払って使う」というのが基本的な意味です。そこから、日本語の「費やす」と同じように、時間や労力を費やす、という意味にもつながります。

● お金を使う（＝ usare i soldi）

21. Martina spende poco perché ha poco tempo per fare spese.

マルティナはお金を少ししか使わない。買い物をする時間が少ししかないのだ。

22. A Paola piace spendere molto in viaggi ed in divertimenti.

パオラは旅行や娯楽にたくさんお金を使うのが好きだ。

23. Abbiamo speso troppo l'anno scorso. Quest'anno
dobbiamo economizzare!

私たち、去年はお金を使いすぎました。今年は節約しないと！

24. Franco non ha più soldi da spendere.

フランコは使うべきお金がもはやない。

● spendere + 時間　（～のために）時間を使う、費やす

25. Ho speso il pomeriggio a pulire e a mettere in ordine il
mio appartamento.

午後はアパートの掃除と片付けに費やした。

26. Sono troppo occupata, non ho tempo da spendere.

忙し過ぎて余計な時間がない。

● （自分のエネルギー、力などを）浪費する、消耗する

27. Non spendere troppe forze nello sport. Risparmiatele
anche per il lavoro!

スポーツで力を消耗しすぎないで。仕事にも取っておいてね！

28. Non spendete la vostra gioventù a guardare e ad ascoltare
solo gli altri, guardate ed ascoltate anche voi stessi.

他人のことを見たり聴いたりするだけに青春を費やさないで、自分自身のことも見た
り聴いたりしなさい。

● spendere + 金額　（金額）を払う＝ pagare

29. Ha speso 2.000 euro per il biglietto aereo.

彼（彼女）は航空チケットに 2,000 ユーロ支払った。

30. Spendo tanto d'affitto.

家賃にたくさん払っています。

spendere [costare] un occhio della testa

目の玉が飛び出るような値段を払う

あまりに高額で、まさに目玉で支払わなければいけないくらいの値
段だという意味です。

Ho speso un occhio della testa per l'anello che ha voluto mia
moglie per il nostro anniversario di matrimonio.

結婚記念日に妻が欲しがった指輪のために、目の玉が飛び出るような額を払った。

costare 動 価格が〜になる、値する

Questa sedia costa 200 euro.

この椅子は 200 ユーロする。

Nel centro delle città le case costano molto.

中心街の家はとても高い。

spendere と consumare

大きく言うと、spendere はお金を払う、consumare は使って
量を減らす、という意味です。

spendere たくさん使ってしまう　→費用を心配

consumare たくさん使ってしまう →なくなることを心配

次の例文で見てみましょう。

Spendo molto per l'acqua calda.

お湯にたくさん費用をかける。

Consumo molta acqua calda.

お湯をたくさん消費する。

Paola è stata due ore in bagno: ma che ha fatto? Ha
consumato tutta l'acqua calda.

パオラは2時間お風呂にいた。何をしたかって？お湯を全部使い切ってしまった。

divertirsi/giocare/godere

（楽しむ・遊ぶ）

楽しみ方いろいろ

〔関連語 divertente, interessante, ridicolo/ giocherellare/ godersi, gustare, ammirare〕

　「楽しむ」と言いたいときの動詞は divertirsi を使います。道具を使って「遊ぶ」のは giocare です。godere は「心から喜ぶ、快さを楽しむ」という意味で使われます。さらに、「味わって楽しむ」は gustare、「見て楽しむ」は ammirare と使い分けると表現の幅が広がります。

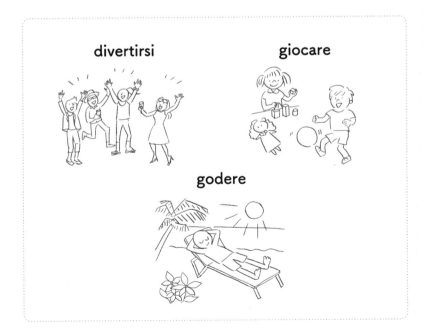

divertirsi (楽しむ)

複合時制
essersi + divertito/a/i/e

● 楽しむ、楽しく感じることをする、娯楽をする

☞直接目的語は取りません。

1. Andate pure al luna-park stasera e divertitevi!

   今夜はどうぞ遊園地へ行って楽しんできてね！

2. Vi siete divertiti alla festa, vero?

   あなたたち、パーティーでは楽しんだでしょ？

3. Franco e Paola non pensano solo a divertirsi, ma anche a lavorare seriamente.

   フランコとパオラは遊ぶことだけ考えているわけじゃない。真面目に仕事をすることも考えている。

4. Come si divertono i giapponesi quando non lavorano?

   仕事をしないとき、日本人はどのような娯楽をするのですか。

● divertirsi + a + 不定詞　～することを楽しむ、～して気晴らしをする

5. Quando ero alle elementari, mi divertivo a giocare all'aperto con i miei compagni di classe.

   小学生のとき、クラスメートたちと外で遊ぶのが楽しみだった。

6. Paola si diverte a stare con i suoi amici.

   パオラは友達といるのを楽しむ。

7. Ti sei divertita a suonare la grancassa giapponese?

   和太鼓をたたくのは楽しかった？

8. I bambini si sono divertiti a decorare l'albero di Natale.

   子どもたちは、クリスマスツリーを飾るのを楽しんだ。

divertente 形　楽しい、面白い

Quel comico è davvero divertente: ho riso per tutto il suo spettacolo.

このコメディアンはほんとうに面白い。ショーの間、ずっと笑っていたよ。

Abbiamo passato una vigilia di Capodanno divertente giocando a carte e a tombola.

トランプやトンボラをして、私たちは愉快な大晦日を過ごしました。

※トンボラ：ビンゴに似たイタリアのゲーム。クリスマスや新年によく行われる。

interessante 形　興味を引かれる、（人が）魅力的な

È un'offerta di lavoro interessante. La sto valutando seriamente.

興味深い仕事のオファーだ。真面目に検討している。

Lei che ha fatto tanti viaggi avventurosi è davvero una donna interessante.

たくさんの冒険旅行をした彼女は、ほんとうに面白い女性だ。

ridicolo 形　ばかばかしくて笑うような、格好が悪くて笑われるような

Paola era un po' ridicola con quel cappello tanto grande che ha dovuto togliersi per salire in macchina.

パオラがあのすごく大きな帽子をかぶっていて、車に乗るとき脱がなくちゃいけなかったのは、ちょっと笑っちゃった。

比べてみよう！

interessante、divertente、ridicolo

この3つは同じ意味ではありません。

Questo libro è davvero interessante: parla delle origini di alcuni dialetti italiani.

この本はほんとうに面白い。イタリアのいくつかの方言の起源について語っている。

Questo libro è davvero divertente: parla di un cane e di un gatto che si fanno dispetti. Che ridere!

この本はほんとうに面白い。意地悪をし合う犬と猫についての話だ。すごく笑える！

Che storie ridicole racconti. Sii serio!

あなたはなんて馬鹿げた話をするの。真面目にやって！

Che storie divertenti racconti. Non mi stanco mai di ascoltarti.

あなたはなんておもしろい話をするの。聴いていてぜんぜん飽きないわ。

giocare（遊ぶ、球技をする）

　道具を使って遊ぶ、ボールを使ってゲームをする、などの意味に使います。

● giocare a/con　～（ゲームやおもちゃなどで）遊ぶ

☞ a と con の使い分けは、ゲームや「～ごっこ」が a、おもちゃが con です。

9. La bambina della mia vicina gioca alla mamma da sola.

　　隣の女の子はひとりでままごと遊びをする。

10. Giochiamo un po' con i videogiochi?

　　テレビゲームで少し遊ぼうか？

11. Lei è abbastanza brava a giocare con la corda.

　　彼女はなわとびで跳ぶのが割と上手い。

● giocare a ～ 球技名　～（球技）をする

12. Franco gioca a calcio con i suoi amici ogni domenica mattina.

　　フランコは、毎日曜日の朝に友達とサッカーをする。

13. Paola e Martina hanno giocato a tennis con una coppia di amici ed hanno vinto.

　　パオラとマルティナは友人のペアとテニスをして、勝った。

14. Franco non ha mai giocato a golf. Penso che si annoierebbe.

　　フランコはゴルフをしたことがない。退屈するだろうと思う。

● 賭けをする、投機をする

15. A molti napoletani piaceva e piace giocare al lotto. Nei libri di Matilde Serao spesso compaiono storie legate a questo gioco.

多くのナポリ市民は、昔も今も、ロットで賭けをするのが好きだ。マティルデ・セラオの本には、この遊びに関する話がしばしば登場する。

※マティルデ・セラオ（1856 –1927）：ナポリ生まれの作家。
　ロット：1 ～ 90 の数字から選んで組み合わせを当てる宝くじ。

16. Sono molte le persone che giocano in Borsa tramite internet.

ネットで株取引をするひとが多い。

● giocare con ～ （感情などを）もてあそぶ、利用する（悪い意味で）

17. Non bisogna assolutamente giocare con i sentimenti degli altri.

けっして他人の気持ちをもてあそんではいけない。

● 自然現象で

18. Il vento gioca con le foglie degli alberi.

風で木々の葉が舞う。

19. Ieri sera la luna giocava a nascondino con le nuvole.

昨日は月が雲の間に見え隠れしていた。

※ giocare a nascondino= かくれんぼする

giocare だけで使う場合、こどもが「遊ぶ」という意味で使います。たとえば、

Non giocate! Studiate!

遊ばないで！勉強しなさい！

▶大人が「遊ぶ」場合は divertirsi を使います。

Non state a divertirvi! Lavorate!

遊んでいないで！仕事をしなさい！

Ieri mi sono divertito con gli amici.

昨日は友達と遊んだよ。

giocare come il gatto con il topo

猫のようにネズミとたわむれる→人をもてあそんで苦しめる

Lui sta giocando con me come il gatto con il topo. Mi manda a volte mille e mille messaggi al giorno. Silenzio per diversi giorni e poi ritorna con i suoi messaggini. Mi chiedo qual è il suo scopo?

彼は私をもてあそんでいる。一日に大量のメッセージを送ってくるかと思うと、何日か音沙汰なしで、またメッセージ攻撃をしてくる。彼の目的はなんなの？

giocherellare 動 なにかを無意識にもてあそぶ、たわむれる

Martina, quando è nervosa, giocherella con la sua collana.

マルティナは、イライラするときネックレスをもてあそぶ。

godere（楽しむ・享受する）

godere + a/di + 名詞
godere + a + 不定詞
心から喜ぶ、楽しむ、快さを感じる

20. Godo al pensiero di rivedere le mie sorelle dopo tre anni di lontananza.

3年離れていた後に、姉妹達に再会すると思うととても嬉しい。

21. Luca gode a guardare Pepe che in campagna corre libero e felice.

ルカは、野原で自由に幸せに走るペペを見ると心からの喜びを感じる。

22. Paola gode a stare ore e ore al sole come una lucertola.

パオラはトカゲみたいに何時間も日向ぼっこを楽しむ。

23. Arrivati in cima alla montagna abbiamo goduto di uno spettacolo unico: un arcobaleno che faceva da ponte tra due montagne.

山の頂上に着いた私たちは、他にない風景を楽しんだ。二つの山の間をつなぐ虹の橋だ。

godere（ di 〜） 享受する、恵まれる

24. I miei genitori non hanno problemi economici: per fortuna godono di una buona pensione.

私の両親には経済的な問題がない。幸運なことに、豊かな年金に恵まれている。

25. Quella compagnia, grazie al buon credito di cui gode, è riuscita facilmente ad ottenere un prestito dalla banca.

この会社は、良い信用を得ているおかげで、銀行から簡単にお金を借りることができた。

Chi si (ac)contenta gode.　心が満ち足りた者は楽しく暮らす

Sei sempre insoddisfatto. Prima volevi cambiare la macchina perché era vecchia, poi la casa perché piccola ed adesso la ragazza perché è troppo gelosa? Ma, insomma, Franco, conosci il proverbio 'Chi si contenta gode'?

君はいつも満足していない。この間は車が古くなったから替えたがっていたし、次に家が小さいからと替えたがった。今度は嫉妬深いからといって彼女を？　要するに、フランコ、「心が満ち足りたものは楽しく暮らす」っていうことわざを知ってるかい？

関連語

godersi　動　〜を楽しむ

> 直接目的語をとります。

Ieri, senza figli e marito, lei si è goduta una giornata di completo relax.

昨日、こどもたちや夫がいなかったので、彼女は完全にリラックスした一日を楽しんだ。

注意

godersi は直接目的語を取りますが divertirsi は取りません。

例　一人でバカンスを楽しむのが好きだ。

○ Mi piace godermi le vacanze da sola.

× Mi piace divertirmi le vacanze da sola.

▶ divertirsi は次のような文なら可能です。

○ Mi piace divertirmi da sola in vacanza.

---

gustare 動 味覚に関して楽しむ、味わう

Ho gustato un ottimo gelato al pistacchio in un caffè all'aperto di Palermo.

パレルモのオープンカフェで、最高においしいピスタチオのジェラートを味わった。

ammirare 動

・驚きや喜びを持って見る、観賞する

A febbraio quando fioriscono i fiori di mandorlo nel parco della Valle dei Templi, ad Agrigento, molti vanno ad ammirarli.

2月にアグリジェントの神殿の谷公園でアーモンドの花が咲くと、たくさんの人が観賞しに行く。

・（人を）賞賛の目で見る、感心する

Ho ammirato moltissimo gli abitanti del Tohoku che con grande coraggio hanno affrontato il terremoto e lo tsunami del 2011.

2011年の地震と津波に勇気を持って立ち向かった東北の住民に感服しました。

produrre/costruire （つくる）

何を作ろうか？

〔関連語 produzione, prodotto/fare〕

　どちらも「作る」ですが、produrre はとくに「生産する」イメージがあります。工場での生産はもちろん、農作物などにも使えます。costruire は「組み立てる」「（家などを）建てる」が基本のイメージです。

produrre

costruire

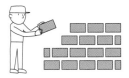

produrre (作る)

複合時制
avere + prodotto

● （作物・製品などを）作る、生産する

1. In queste risaie si produce un tipo di riso di ottima qualità.
   この水田では最高品質の米を作っている。

2. La nostra fabbrica produce articoli in pelle molto richiesti all'estero.
   うちの工場では、外国でたいへん需要のある革製品を作っている。

3. Molte aziende vinicole in Italia producono vini molto apprezzati in tutto il mondo.
   イタリアでは、多くのワイン農場が世界中で非常に評価の高いワインを生産している。

4. Si dice che con l'applicazione di sistemi di intelligenza artificiale si possa produrre a costi più bassi.
   人工知能システムの適用によって、より低いコストで製造できるという。

5. Molti paesi del Medio Oriente producono petrolio.
   中東の多くの国が石油を産出する。

● 〜を引き起こす、〜の原因となる

6. È un tipo di medicina che, con un uso prolungato, potrebbe produrre secchezza nasale.
   これは長期間使用すると鼻の乾燥を引き起こす可能性のある種類の薬だ。

7. Le piogge insolite di questa estate hanno prodotto danni ai vigneti.
   この夏の異常降雨はブドウ畑に被害をもたらした。

produzione 名 (f) 生産

Con la produzione industriale in serie i prezzi dei beni sono
diminuiti notevolmente.

大量生産によって、消費財の価格は顕著に下がった。

prodotto 名 (m) 製品、生産されたもの

Per la pulizia della casa e l'igiene personale cerco di usare
prodotti biologici.

家の清掃や身だしなみには、オーガニック製品を使うように心がけている。

○ costruire （組み立てる・建てる）

複合時制

avere + costruito

● （部品などを使って）〜を組み立てる、〜を建てる

8. Lungo la costa hanno costruito una barriera di cemento
   per la protezione contro lo "tsunami".

   津波に対する防護のため、海岸沿いに、コンクリートの障壁を建造した。

9. In inverno, quando nevica, piccoli e grandi si divertono a
   costruire pupazzi di neve.

   冬は、雪が降ると、こどもも大人も雪だるま作りを楽しむ。

10. Nella maggior parte dei centri storici delle grandi città
    italiane non si possono costruire nuove case, ma solo
    ristrutturare quelle vecchie.

    イタリアの大都市の歴史的市街区の大部分では、新しい家を建設することができない。
    ただ、古い家のリフォームはできる。

11. Lui ha costruito questa credenza riciclando legno di vecchi mobili.

彼は、古い家具の木材をリサイクルして、この食器棚を作った。

● （比喩的に） 〜を築く

12. Lui ha costruito una fortuna partendo da zero.

彼は無一文から始めて財産を築いた。

13. Devi costruirti tu la tua vita e non aspettare che gli altri lo facciano per te.

自分の人生は自分で築かなくてはいけないよ、他人があなたのためにそうしてくれるのを待たないで。

慣用句&ことわざ

costruire sulla sabbia　砂上の楼閣→基礎がしっかりしていないのですぐに崩れてしまうことのたとえ

Tutti noi non dovremmo costruire sulla sabbia la nostra vita, ma su terreno ben solido cioè su valori e certezze molto fermi in noi stessi.

私たちは人生を砂の上に築き上げることはできないでしょう。でも、しっかりした土地の上に、つまり私たち自身の強固な価値や確かさの上になら、築き上げることができます。

fare 動 作る（その他さまざまな意味があります）

　汎用性の高い動詞なので、produrre や costruire の代わりに使うことができます。つい多用しがちですが、よりふさわしい動詞を使うようにしましょう。ただし、手作りする場合（fare la maglia, un vestito セーターや服を作る）や、料理を作る場合（fare il pane, la pasta in casa 家庭でパンやパスタを作る）には fare を使います。

Adesso sono poche le persone che fanno la pasta fresca in casa: troppo tempo e troppa fatica, meglio andare a comprarla al negozio vicino a casa.

今は家で生パスタを作るひとは少ない。時間と労力がかかりすぎるので、家の近くの店に買いに行く方がよいのだ。

Mi piaceva fare la maglia, ma adesso gli occhi si stancano facilmente ed ho abbandonato questo passatempo.

セーターを作るのが好きだったけど、今は目が疲れやすいのでこの趣味はやめました。

郵 便 は が き

1 6 2 - 8 7 9 0

東京都新宿区
岩戸町12レベッカビル
ベレ出版

　　読者カード係　行

お名前		年齢
ご住所　〒		
電話番号	性別	ご職業
メールアドレス		

個人情報は小社の読者サービス向上のために活用させていただきます。

ご購読ありがとうございました。ご意見、ご感想をお聞かせください。

● **ご購入された書籍**

● **ご意見、ご感想**

● 図書目録の送付を　　　　　希望する　　　　希望しない

ご協力ありがとうございました。
小社の新刊などの情報が届くメールマガジンをご希望される方は、
小社ホームページ（https://www.beret.co.jp/）からご登録くださいませ。

costruire と produrre

costruire は手で組み立てるイメージがあります。それに対して produrre は機械で大量生産するイメージがあります。

In questa fabbrica si costruiscono automobili.

この工場では自動車を組み立てている。

▶この場合、手作業もあることを意味しています。現在の自動車工場ではそうであるとは限りませんが。

In questa fabbrica si producono automobili.

この工場では自動車を製造している。

▶ほぼ機械による製造で、手作業が最低限の場合は produrre を使います。現代の大量生産で実際に起きている状況です。

その他の例

In questa fabbrica si costruiscono mobili.

この工場では家具を作っている。

▶この場合は costruire が使えるでしょう。手作業や手工業が行われていると思われるからです。

In questa fabbrica si producono mobili.

この工場では家具を製造している。

▶これは、大量生産しており、手作業や手工業がほぼない場合です。

prestare/ affittare/ noleggiare

（貸す・借りる）

「貸し借り」いろいろ

〔関連語 prendere in prestito〕

　一般的な「貸す」は prestare、「借りる」は prendere in prestito を使います。お金を払って賃貸する場合は affittare, noleggiare を使います。

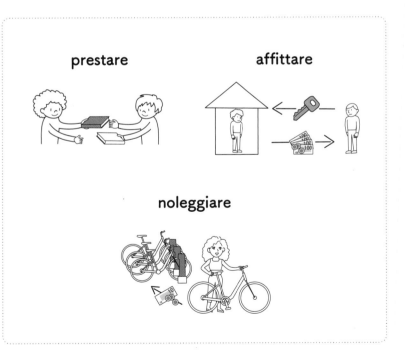

prestare （貸す）

複合時制
avere + prestato

● prestare 〜 a + 人　〜を人に貸す

1. Paola ha prestato 100 euro a Franco perché era rimasto senza soldi.

   パオラは 100 ユーロをフランコに貸した。彼が一文無しだったからだ。

2. Martina, mi presti la tua collana di perle? È perfetta con il mio abito blù.

   マルティナ、あなたの真珠のネックレスを貸してくれる？　あたしの青いドレスにぴったりなの！

関連語

prendere in prestito　借りる

Franco ha preso in prestito da Paola 100 euro.

フランコはパオラから 100 ユーロ借りた。

Paola prenderà in prestito la collana di perle da Martina.

パオラはマルティナから真珠のネックレスを借りるだろう。

affittare （賃貸しする・賃借りする）

複合時制
avere + affittato

● affittare 〜 （a 人）　不動産や物を（人に）賃貸しする

3. Sono riuscita ad affittare il mio appartamentino al mare ad un giovane artista.

   私の海のコンドミニアムを若いアーティストに貸すことができました。

● 不動産や物を賃借りする

（本来の意味ではないが、一般にこちらの意味でよく使われます）

この場合、prendere in affitto という表現も使われます。

4. Affittiamo un tandem e giriamo per la città? Che ne dici?

二人乗り自転車を借りて街を回りましょう。どう？

5. Ho affittato una baita in montagna sulle Dolomiti per una settimana.

ドロミティの山荘を1週間借りました。

---

noleggiare （賃借りする）

複合時制
avere + noleggiato

● 不動産以外の物を賃借りする、レンタルする

6. Mio fratello e un suo amico hanno noleggiato un camper per girare l'Europa.

兄とその友人は、ヨーロッパを回るためにキャンピングカーをレンタルした。

7. Paola dice sempre che se si sposa, noleggerà l'abito da sposa.

パオラはいつも、結婚するなら、ウェディングドレスをレンタルすると言っている。

> **注意**
>
> noleggiare は家には使いません。
>
> × noleggiare un appartamento

比べてみよう！

prestare, affittare, noleggiare

お金のやりとりがあるかどうかで動詞が変わります。

La mia amica mi ha prestato la sua casa al mare per il fine settimana.

私の友人は、この週末に海の家を私に（ただで）貸してくれた。

La mia amica mi ha affittato la sua casa al mare per il fine settimana.

私の友人は、この週末に海の家を私に賃貸ししてくれた。

Franco mi ha prestato la macchina per un giorno.

フランコは私に車を一日（ただで）貸してくれた。

Ho noleggiato la macchina per un giorno.

私は車を一日レンタルした。

ただし、「銀行がお金を貸す」場合は一般に prestare、また「銀行からお金を借りる」場合は prendere in prestito を使うので注意しましょう。

Mio padre ha preso in prestito dei soldi dalla banca per ampliare la sua attività.

父は事業を拡大するため、銀行からお金を借りた。

▶寛大な銀行ですね！この場合、父は銀行に利子を払う必要があります。

第 2 章

形容詞・副詞・接続詞
aggettivi, avverbi e congiunzioni

1 Marzo	2 Marzo	3 Marzo	4 Marzo	5 Marzo	6 Marzo

Oggi

Recente

dolce/gentile （甘い・やさしい）

やさしさを見極めよう

〔関連語 indulgente, viziato, dolcemente, dolciastro/ gentilezza, gentiluomo, cortese〕

　dolce は甘いという意味の他に、「優しい」という意味があります。gentile も日本語にすると「優しい」になりますが、表す意味は少し違います。dolce は気持ちが優しい、gentile は行動が親切であることを表します。

dolce　　　　dolce… e anche gentile

○ dolce 形 （甘い・優しい）

　甘さは赤ちゃんが最初に識別する味であり、母乳の味でもあります。そこから広がって、五感の心地よさや、気持ちがリラックスした状態につながります。イタリア人にとって、dolce と言う言葉は心地よいイメージを表します。もしかしたら、無意識に赤ちゃん

に返る気持ちにさせるのかもしれません。

● （味が）甘い

元々の意味は味覚として甘いということです。

1. I fichi sono frutti particolarmente dolci.

   イチジクはとくに甘い果物だ。

2. La "patata dolce" in italiano si dice anche "patata americana".

   「スイートポテト」はイタリア語で「アメリカのポテト」とも言います。

● 味覚以外の感覚（嗅覚、視覚、触覚、聴覚）で甘い、心地よい

3. Che dolce profumo! Sembra di essere in un roseto!

   なんて甘い香り！バラ園にいるみたい！

4. La mamma riuscì finalmente a calmare il neonato con una dolce ninna nanna.

   ママは甘美な子守歌で赤ちゃんをやっと落ち着かせた。

5. Com'è dolce il panorama da questa terrazza: un vero toccasana per chi vuole rilassarsi.

   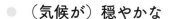

   このテラスからの景色はなんて心地よいんだろう。リラックスしたいひとには真の特効薬だ。

● （気候が）穏やかな

6. Quest'anno abbiamo avuto un inverno molto dolce con temperature un poco più alte della media stagionale.

   今年は、季節の平均より少し高い気温で、とても温暖な冬だった。

● （坂が）緩やかな、急でない

7. Mamma, non preoccuparti, è una salita dolce, persino il nonno con il ginocchio dolente riesce a farla.

ママ、心配しないで、緩やかな坂だから、足の痛むおじいちゃんも登れるよ。

● 甘い気持ちの、心地よい

8. Luca prova un dolce sentimento per una sua compagna di università.

ルカは大学の友達の女の子に甘い気持ちを感じている。

9. Ho passato dei momenti dolcissimi con mia nipote durante il nostro viaggio in Sicilia.

シチリアでの旅行の間、姪ととても心地よい時間を過ごした。

● 柔和だ、優しい

10. Pepe, il cane di Luca, è grosso, maldestro ma tanto dolce.

ペペはルカの飼い犬だ。大型で不器用だがとても優しい。

11. Paola è sempre molto dolce con Fifì, la sua gattina.

パオラは飼い猫のフィフィにいつでもとても優しい。

12. La nonna è dolce con noi nipoti, ma a volte è un po' critica con nostra madre.

おばあちゃんは、私たち孫には優しいけど、私たちの母さんにはちょっときびしいことがある。

慣用句&ことわざ

dolce far niente　何もしないことを楽しむこと、ボーッとして過ごすことを楽しむこと

Associo il mare alle vacanze estive e al dolce far niente.

私にとって、海といえば、夏休み、そして何もしないで過ごすことだ。

関連語

indulgente 形 人に対して厳しくない、甘い

A volte bisogna essere più indulgenti nel giudicare gli altri.

ときには、他人を判断するのに、もっと寛大にする必要がある。

Sua madre è spesso indulgente con il figlio quando la domenica dorme fino a tardi.

母は、息子が日曜日に遅くまで寝ているとき、しばしば大目に見る。

viziato 形 甘やかされた

Il figlio dei miei conoscenti è davvero viziato!

知り合いの息子さんがほんとに甘やかされてるのよ!

dolcemente [con dolcezza] 副 優しく

Questa maglia va lavata dolcemente [con dolcezza] a mano con sapone neutro.

このセーターは中性洗剤で優しく手洗いしなければならない。

dolciastro 形 変な甘さの

La minestra ha un sapore dolciastro, ma che cosa ci hai messo?

スープが変に甘いんだけど、何を入れたの!?

gentile 形 （親切な・優しい・上品な）

　gentile は、古代ローマの貴族を表すラテン語の gentilem から来た言葉です。貴族の性質と見なされた「優しい」「上品な」「礼儀正しい」という意味を表します。優しさといっても、dolce に比べると少し表面的で、性格というよりは身につけた礼儀としての「優しい」「親切な」を表します。

● 親切な

13. Franco è stato molto gentile a riaccompagnare a casa Martina in macchina.

　　フランコは、とても親切に、マルティナを家まで車で送り届けた。

14. Desidero ringraziare i tuoi genitori; sono stati molto gentili con me.

　　ご両親に感謝したいです。たいへん優しくしていただいたので。

● 上品な

15. La danzatrice aveva delle movenze gentili ed affascinanti.

　　ダンサーは上品で魅力的な動きをしていた。

16. Martina ha un aspetto gentile, così delicata.

　　とても繊細なマルティナは、上品な一面を持っている。

● 手紙で　拝啓〜、〜様

書き出しで名前の前に付けて使います。

17. Gentilissima signora Grandi,

La ringrazio moltissimo per l'invito alla cerimonia di apertura del Suo atelier.

拝啓　グランディ様
アトリエ開設のセレモニーにご招待下さり、ありがとうございます。

18. Gentil Signor Merli,

Siamo lieti di informarLa che ha superato le prove preliminari del concorso "Cantare per la vita".

メルリ様
謹んで、あなたが「人生のために歌う」コンクールの予選を通過なさったことをお知らせいたします。

関連語

gentilezza 名 (f) 親切さ・優しさ・上品さ

Esopo diceva: "Per quanto piccolo, nessun atto di gentilezza è sprecato."

イソップは言った。「たとえ小さくても、どんな親切な行為も無駄にならない」と。

gentiluomo 名 (m) 貴族、紳士

Un gentiluomo apre lo sportello della macchina per far entrare una signora.

紳士は車のドアを開けて女性を乗せてあげるものだ。

cortese 形　礼儀正しい、親切な

Quel signore è davvero galante, tutte le signore rimangono colpite dai suoi modi cortesi.

あの方は本当に粋よね。女性はみんな彼の礼儀正しい物腰に心打たれてるわ。

facile/ difficile/ semplice/ complicato （簡単な・難しい）

「簡単」なようで「難しい」形容詞たち

〔関連語 semplicione/ complicazione〕

　facile は「簡単」という意味の基本的な形容詞です。semplice は「単純」というのが元々の意味ですが、そこから「簡単」という意味も表します。facile の反対語が difficile「難しい」、semplice の反対語が complicato「複雑な」です。complicato は「難しい」という意味も表します。

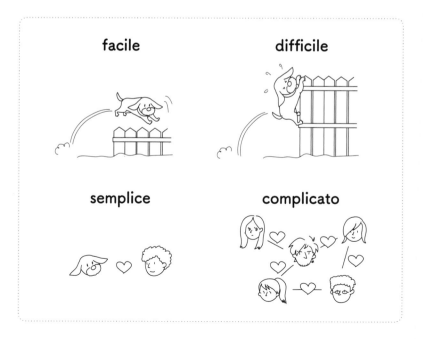

facile

difficile

semplice

complicato

facile 形（簡単な）

問題なく容易にできる、簡単な

1. La tesi di laurea che sta preparando Luca non sembra molto facile.

   ルカが準備している卒業論文は、それほど簡単にはみえない。

2. I compiti per domani sono abbastanza facili, penso di farli in poco tempo.

   明日までの宿題はかなり簡単だ。ほんの少しの時間でやれると思う。

essere facile + 不定詞　〜するのは簡単である、〜しやすい

☞ 3人称単数の形でしか使いません。

3. Con queste scarpe è facile scivolare. Fa' attenzione!

   この靴だとすべりやすい。気をつけてね！

4. Non è stato facile leggere senza dizionario; ma ci ho provato.

   辞書なしで読むのは簡単ではなかった。でもやってみた。

5. Guarda, Martina, è davvero facile e veloce preparare questo dolce!

   ちょっとマルティナ、このデザートを作るのはほんとうに簡単ですぐなの。

essere facile che+ 接続法
〜の可能性がある、おそらく〜だ

☞ 3人称単数の形でしか使いません。

6. È facile che Martina sia ancora in ufficio a quest'ora.

   マルティナがこの時間もまだオフィスにいるのはあり得る。

7. **È facile che** tra qualche anno vada a lavorare all'estero.

数年後に仕事で外国へ行くかもしれない。

慣用句&ことわざ

facile come bere un bicchier d'acqua

コップの水を飲むみたいに簡単だ→実に簡単である

La soluzione a questo problema è facile come bere un bicchier d'acqua. Io l'ho capita in un secondo!

この問題の解くことはなんの造作もない。1秒でわかったよ！

difficile 形（難しい）

難しい ⇔ facile

8. L'esame è stato molto difficile.

試験はとても難しかった。

essere diffcile + 不定詞　〜するのは難しい、〜しにくい

☞ 3人称単数の形でしか使いません。

9. È difficile leggere questi caratteri così piccoli.

こんなに小さい文字は読みにくい。

10. È difficile pulire la stanza con Fifi che entra e esce.

入ったり出たりするフィフィがいる部屋を掃除するのは難しい。

11. È stato molto difficile memorizzare la coniugazione dei verbi irregolari italiani.

イタリア語の不規則動詞の活用を覚えるのはとても難しかった。

● essere difficile che + 接続法

〜するのは難しい、〜しそうもない

☞ 3人称単数の形でしか使いません。

12. È difficile che Luca non usi il suo smartphone per un'intera giornata.

ルカがまる１日スマートフォンを使わないでいるのは難しい。

13. È difficile che Franco non guardi le partite di calcio la domenica.

フランコが日曜日にサッカーの試合を見ないのはありそうもない。

○ semplice 形 （単純な・簡単な）

● ひとつの要素でできた、単純な

14. Le preposizioni semplici di base in italiano sono: di, a, da, in, con, su, per, tra [fra] cioè senza articolo.

イタリア語の基本的な単純前置詞とは、di, a, da, in, con, su, per, tra [fra] です。つまり、冠詞なしの前置詞です。

※ del, alla, sulle などのように前置詞と冠詞が合わさった形は le preposizioni articolate （冠詞前置詞）と言います。

15. Ho comprato un biglietto di corsa semplice, perché poi ritorno con mio fratello in macchina.

片道切符を買いました。その後、兄と車で帰るからです。

● 簡単な、初歩的な

☞ この意味では facile と同じです。

16. Non è semplice scrivere frasi per questo libro, anche se è divertente.

この本の例文を書くのは、楽しくはあるものの、簡単ではない。

17. È un articolo lungo, ma semplice.

長いけれど簡単な記事だ。

● 質素な、素朴な

18. A Martina piace la cucina semplice e genuina della nonna.

マルティナは、祖母の素朴で気取らない料理が好きだ。

19. I miei genitori sono persone semplici e preferiscono vivere con poco.

私の両親は質素なひとたちで、ほんの少しのもので生活する方を好みます。

※ semplice については形容詞・副詞・接続詞 14「位置で意味が変わる形容詞」semplice
☞ p. 281

注意

semplice と facile、こんな意味にもなるので注意！

Lei è una donna semplice.

彼女は質素な女性だ。

▶要求が少なく、少しのもので満足する女性であるという意味です。

Lei è una donna facile.

彼女は尻軽女だ。

▶だらしない服装をして、男女関係にルーズな女性というネガティブな意味になります。

関連語

semplicione 形 名 純朴な、未熟な、信じやすい（人）

Lui è proprio un semplicione: crede a tutto quello che gli dicono, anche a chiare bugie.

彼はまさに何でも信じやすい奴で、明白なウソでも、言われたことは全部信じてしまう。

complicato 形 （複雑な、気難しい）

facile/semplice とほぼ反対の意味です。「複雑な、ややこしい→難しい」という流れから、difficile「難しい」と意味が重なる部分もあります。

20. È complicato scrivere questo modulo. Può aiutarmi, per favore?

この用紙に書き込むのはややこしい。ちょっと手伝ってくださいませんか?

21. Sono problemi complicati che richiedono un'analisi attenta.

複雑な問題なので注意深い分析を要する。

22. Non riesco a capire la nostra direttrice: ha un carattere complicato.

うちの上司は理解しがたい。気難しい性格だ。

関連語

complicazione 名 (f) 複雑さ、合併症

L'intervento chirurgico è andato bene, senza nessuna complicazione.

なんの合併症もなく、手術はうまくいった。

poco/abbastanza/piuttosto/
molto [tanto]/troppo

（少し・十分・むしろ・とても・〜過ぎる）

「少し」と「たくさん」

〔関連語 pressappoco/ alquanto/ un sacco di/ purtroppo〕

　下の図はそれぞれの副詞のイメージです。poco は「少ししかない」イメージですが un po' という形になると「少しはある」というイメージになります。abbastanza は十分ある、molto は「たくさん」ある、troppo はものが「多過ぎ」たり程度が「過ぎる」イメージです。

　piuttosto は abbastanza と似た意味で使われますが、ネガティブなイメージの場合にも使われるので使い分けに注意しましょう。

poco [un poco, un po'] 副 形 （少し）

● 動詞 + poco 少ししか〜しない
動詞 + un po'[un poco] 少し〜する

1. Oggi ho mangiato poco a pranzo e adesso ho molta fame.
   今日はお昼に少ししか食べなかったので、今すごくおなかが空いている。

2. Ho mangiato un po' prima della lezione.
   授業の前に少し食べました。

3. Per il caldo sto dormendo poco la notte e il giorno mi sento fiacca.
   暑さのため夜は少ししか寝ていないので、昼間は疲労を感じる。

● 少し〜
un po' + 形容詞 / 副詞 （こちらの方がよく使われる）
un poco + 形容詞 / 副詞

4. Scusi, potrebbe parlare un po' più piano, per favore?
   すみません、もう少しゆっくり話してくださいませんか。

5. Mi sembri un po' pallida Martina. Come mai?
   マルティナ、ちょっと顔色がよくないみたいね。どうしたの？

● poco/poca/pochi/poche + 名詞

少ししかない〜、わずかな〜

☞ 形容詞としての使い方です。

6. Ho messo poco zucchero e poco burro nella torta, Paola; puoi mangiarla anche se sei a dieta.

   パオラ、ケーキに砂糖とバターは少ししか入れなかったから、ダイエットしていても食べられるよ。

7. Franco dice sempre che ha pochi soldi. È normale, spende troppo!

   フランコはいつもお金が少ししかないと言っている。使い過ぎてるんだから、当然だ！

8. Martina ha pochissimo tempo per coltivare nuovi interessi.

   マルティナは新しい趣味を開拓する時間がほとんどない。

● un po' di + 名詞　少しの〜

un poco di はあまり使われません。

数えられない名詞の前につけて量を表します。

9. Compro solo un po' di frutta e un po' di pane. Il frigorifero è pieno.

   果物を少しとパンを少しだけ買います。冷蔵庫がいっぱいなので。

10. Per condire l'insalata metto un po' di sale, un po' d'olio e qualche goccia di aceto.

   サラダを味付けするのに塩を少々、油を少しとお酢を数滴入れます。

● da/fra + poco （時間的に）少し前に / まもなく

11. Sono in Giappone da poco (tempo).

    日本に来たばかりです。

12. Fra poco (tempo) cominceranno le vacanze estive.

    もうじき夏の休暇が始まる。

関連語

pressappoco 副 およそ、ほぼ

Ci vorranno pressappoco quaranta minuti per arrivare all'aeroporto.

空港へ到着するのにおよそ 40 分かかるでしょう。

Le mie nipoti hanno pressappoco la stessa altezza.

私の姪たちはほぼ同じ身長だ。

abbastanza 副 （十分、かなり）

動詞 + abbastanza　十分〜する

13. Ho lavorato abbastanza in questi giorni, oggi posso riposare senza sensi di colpa.

この数日、十分働いた。今日は罪の意識を感じずに休める。

14. Ho mangiato abbastanza a colazione, posso anche saltare il pranzo.

朝ご飯は十分食べたし、お昼は抜かしても大丈夫。

abbastanza + 形容詞 / 副詞　かなり〜だ、結構〜だ

15. Per gli italiani il rientro dalle ferie estive è sempre abbastanza traumatico.

イタリア人にとって、夏休みからの帰還は、いつも結構精神に来る。

16. Sembra che sia abbastanza facile fare gli gnocchi.

ニョッキを作るのは、結構簡単なようだ。

17. Abbiamo mangiato abbastanza bene in quel ristorante.

このレストランではかなり美味しい料理が食べられた。

● **abbastanza + 名詞**　十分な〜

☞副詞ではありますが、名詞を修飾する場合があります。

18. Hai abbastanza soldi per la gita?

　　小旅行に行くお金は足りてる？

19. Non ho abbastanza tempo per fare tutto quello che voglio.

　　やりたいことを全部やるための十分な時間がない。

○ **piuttosto** 副（むしろ、かなり）

　piuttosto は文字通りには più + tosto で、tosto = spesso、つまり
より頻繁に、という意味になります。形容詞や副詞の前につけて使
われることが多く、abbastanza とは異なりネガティブなイメージの
場合でも使われます。

● **piuttosto + 形容詞 / 副詞**　かなり、比較的

20. Leonardo da Vinci ebbe un'infanzia piuttosto difficile.

　　レオナルド・ダ・ヴィンチはどちらかというと難しい幼年期を過ごした。

21. La mia esperienza in questo campo è piuttosto limitata.

　　この分野の私の経験はかなり限られています。

22. Il motorino di Luca è piuttosto malridotto. Farebbe bene a
comprarne uno nuovo.

　　ルカのバイクはかなりボロボロだ。新しいのを買った方がいい。

23. Ci siamo trovati piuttosto bene in quell'albergo.

　　この旅館はわりと居心地がよかった。

☞この意味では abbastanza も使えます。

● …piuttosto che 〜　〜より…（二つの動詞、二つの形容詞を比較します）

☞ この意味では invece che も使えます。

※ invece については☞ p.365 も参照

24. Molti preferiscono vivere in provincia piuttosto che nella caotica città.

多くのひとが、ごちゃごちゃした都会より田舎に住む方を好む。

25. In Italia è preferibile comprare un appartamento piuttosto che affittarlo.

イタリアでは、アパートを借りるより買うほうが好まれる。

26. In città mi muovo in bici piuttosto che in macchina.

街では、車より自転車で移動しています。

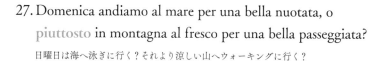

● 〜 piuttosto 〜の代わりに

☞ この意味では invece も使えます。

27. Domenica andiamo al mare per una bella nuotata, o piuttosto in montagna al fresco per una bella passeggiata?

日曜日は海へ泳ぎに行く？それより涼しい山へウォーキングに行く？

28. Negli esercizi di ascolto di una lingua straniera non soffermatevi sulle parole che non capite, ma, piuttosto su quelle che capite.

外国語のリスニングの練習では、理解できない言葉に注意を向けるより、理解できる言葉に注意を向けなさい。

alquanto 副 かなり、むしろ

Nella compagnia dove lavoro ci sono persone molto
professionali e altre alquanto[piuttosto] demotivate.

私が働いている会社には、とてもプロフェッショナルなひとたちもいれば、どちらかというとやる気のないひとたちもいる。

La casa di campagna dei genitori di Paola è
alquanto[abbastanza/piuttosto] grande.

パオラの両親の田舎の家は、かなり大きい。

molto[tanto] 副 形（とても、たくさん、よく）

molto と tanto は意味・使い方は同じです。

● 動詞 + molto[tanto]　とても～する　たいへん～する

29. Lui cammina molto ogni giorno perciò è in buona forma
fisica.

彼は毎日たくさん歩いている。だから体調がいいのだ。

30. Alla fine del film mi sono commossa tanto, ti consiglio di
vederlo.

映画の最後でとても感動したの。あなたにも観るのを勧めるわ。

● molto[tanto] + 形容詞 / 副詞　とても～

31. Il rapporto tra genitori e figli adolescenti è spesso molto
conflittuale.

両親と思春期のこどもとの関係は、しばしば非常に対立的である。

32. Partirono per il Giappone molto prima del previsto.

彼らは、予想していたよりずいぶん早く日本へ発った。

33. Adesso con i nuovi cellulari è tanto più facile avere il campo rispetto a prima.

以前に比べると、新しい携帯電話は電波を受信するのがもっとずっと簡単だ。

● molto/a/i/e〔tanto/a/i/e〕＋名詞　たくさんの

☞形容詞としての使い方です。

34. Ho molti vecchi dischi di mia nonna. Penso di regalarli al mio vicino di casa.

おばあちゃんの古いレコードがたくさんあるんだ。近所のひとにあげようと思う。

35. A Paola piace conoscere molta gente nuova, soprattutto stranieri.

パオラは、多くの新しいひとたち、とりわけ外国人と知り合うのが好きだ。

● da/fra + molto（時間的に）ずいぶん前から

36. Io e Franco ci frequentiamo da molto (tempo).

私とフランコはずいぶん前から付き合っています。

関連語

un sacco di　多くの〜

くだけた表現です。sacco はたくさん入れられる大きな袋のことで、「大きな袋いっぱいの〜」、つまり「たくさんの」という意味になります。

Mia nipote ha un sacco di bambole, ma ci gioca pochissimo; preferisce guardare i cartoni animati alla TV.

姪はお人形をいっぱい持っているけど、それではほとんど遊ばない。テレビでアニメを観る方が好きなのだ。

troppo 副 形（〜過ぎる）

● 動詞 + troppo　〜し過ぎる

37. Non bere troppo alla festa, mi raccomando, poi ti senti male.

パーティーでは飲み過ぎないでね。気分が悪くなるでしょ。

38. Ieri sono andata allo stadio e ho gridato troppo per fare il tifo. Adesso sono senza voce!

昨日はスタジアムに行って、応援するのに叫びすぎた。今は声が出ない！

● troppo + 形容詞 / 副詞　〜過ぎる、あまりに〜

39. Secondo me, siete troppo gentili con lui. Non se lo merita!

私としては、あなたたちは彼に優しすぎると思う。彼にそれだけの値打ちはないよ。

40. Sei sicura che sia uno smeraldo? Costa troppo poco per essere autentico.

ほんとうにエメラルドなの？本物にしては安すぎるね。

● troppo/a/i/e + 名詞　多すぎる〜

☞形容詞としての使い方です。

41. Ho troppe scarpe che non metto. Chiederò a mia sorella se le vuole.

履かない靴がたくさんありすぎて。妹にほしいかどうか訊いてみよう。

42. Chi pensa di avere troppi problemi, di solito, non conosce quelli degli altri.

自分は悩みを抱えすぎていると思っているひとは、たいてい、他人の悩みがわからない。

慣用句&ことわざ

Chi troppo vuole nulla stringe.

欲しがりすぎる者はなにもつかめない→二兎を追う者は一兎をも得ず

　イソップの寓話「ガチョウと黄金の卵」の教訓から来たことわざです。

Paola dice di voler comprare una macchina, di fare un lungo viaggio in Giappone ed andare in Amazzonia per esplorare la jungla con il suo primo stipendio. Marina le ha detto: "Ehi! Paola, ma non conosci il proverbio: chi troppo vuole nulla stringe?"

パオラは初めての給料で、車を買いたい、日本を長期旅行したい、アマゾンに行きジャングルを探検したいなとと言っている。マルティナが言うには「ねえパオラ、二兎を追う者は一兎をも得ずってことわざを知らないの？」

関連語

purtroppo 副 残念ながら、あいにく

　pure と troppo が合わさった言葉です。つまり、「言いたくないけど」という意味があり、そこから、「残念ながら」、「あいにく」などの意味にもつながります。

Spesso il tesoro è dentro di noi, ma purtroppo abbiamo perso la mappa.

しばしば、宝は私たちの中にあるのです、でも、残念ながら地図をなくしてしまったのです。

inoltre/anche/ancora（さらに・また）

よく使うから「さらに」知りたい単語たち

〔関連語 oltre/neanche [nemmeno]/ già〕

　inoltre, anche, ancora は、基本的には付け加えて言いたいときに使う単語です。inoltre は「（それに）付け加えて」という意味です。似た単語の oltre と意味は似ていますが、文の構造や文中の位置が異なります。anche は「〜も」の意味で使います。

$$\bigcirc \ + \ \boxed{\text{inoltre} \ + 節}$$

$$\bigcirc \ + \ \boxed{\begin{array}{l}\text{anche}\\ \text{ancora}\end{array} + 名詞・形容詞・副詞など}$$

○ **inoltre** 副（さらに、そのうえ）

　基本的に節の最初に置きます。

● **〜 inoltre …**　〜そのうえ…

1. Non ha ringraziato e **inoltre** è andato via senza salutare. Che maniere!

　　彼はお礼を言わなかったどころか、挨拶もせずに行ってしまった。なんて無礼な！

2. In questo albergo c'è una vasta gamma di servizi. Inoltre, l'albergo mette a disposizione dei clienti biciclette per fare bike trekking.

このホテルには幅広いサービスがあります。また、バイク・トレッキングをするための自転車をお客様のご自由にお使いいただけます。

3. Oggi fa troppo freddo per andare al mare ed inoltre, nel pomeriggio, sembra che pioverà.

今日は海へ行くには寒すぎるし、そのうえ午後には雨が降るらしい。

4. Ieri ho passato un pomeriggio molto piacevole con gli amici ed inoltre la sera mia sorella ha dato alla luce una splendida bambina!

昨日は友達ととても気持ちの良い午後を過ごしました。そのうえ、夜には妹が素晴らしい女の子を産んだんです！

関連語

oltre 副 前

・（空間・時間的に）あちら側に

Oltre il ponte c'è un villaggio molto pittoresco.

橋の向こう側にとても絵になる村がある。

・oltre (che) a 〜　　〜する上に、〜に加えて

Con questa nuova lavastoviglie si può risparmiare acqua oltre (che) a detersivo.

この新しい食洗機で、洗剤だけでなく水も節約できます。

anche 接（〜も）

名詞・形容詞などの前につけて使います。

● 同様に、〜も

5. Siete andati anche voi a fare volontariato nelle zone alluvionate?

あなたたちも洪水の地域へボランティアをしに行ったの？

6. Ho mangiato una pizza ieri sera ed anche stasera pizza?

夕べピッツァを食べて今夜もピッツァなのか？

7. Sei una persona forte, ma anche gentile e sensibile.

君は強い人だけど、優しくて繊細でもある。

● （強調して）〜まで、〜さえも、〜よりずっと

8. Dopo essere tornata a casa dal lavoro alle nove di sera, hai pulito, fatto il bucato e anche cucinato? Sei instancabile!

夜9時に仕事から家に帰ったあと、掃除をして洗濯して、料理までしたの？疲れ知らずだね！

9. Hai detto quello che pensavi anche troppo chiaramente.

あなたは、思っていることをはっきり過ぎるほどはっきり言ったね。

● anche se 〜　〜だとしても　（仮定の譲歩を表す）

10. Anche se vivessi in campagna, andrei spesso in città per divertirmi.

田舎に住んだとしても、都会へしばしば遊びに行くだろう。

11. Anche se non hai molta esperienza, sembri portata per l'insegnamento.

たいして経験がないとしても、あなたは教えることに向いているみたい。

inoltre と anche の文中での位置

inoltre は 2 つの文をつなぐので、基本的に 2 文の間に置きます。anche は動詞や名詞などの後に置きます。

例 出かけるのはやめよう。寒いし、疲れてもいるから。

○ No, non usciamo, fa freddo ed inoltre sono stanca.

○ No, non usciamo, fa freddo e sono anche stanca.

× No, non usciamo, fa freddo e anche sono stanca.

▶ anche は 2 文をつなぎません。

anche と inoltre を 1 つの文で使うこともできます。

La casa al mare dei genitori di Martina è carina, comoda e funzionale. Inoltre ha anche una fantastica vista sul mare.

マルティナの両親の海の家は、かわいくて快適で機能的だ。そのうえ、すばらしい海の眺めもある。

関連語

neanche [nemmeno] 副 接 ～もない、～さえない

né と anche が合わさって出来た語です。anche の否定です。nemmeno は neanche とまったく同じ意味で、neanche の代わりに使えます。

Neanch'io sono d'accordo con lui.

私も彼には賛成しない。

Neanche se lo pagassimo milioni e milioni di euro, farebbe quel lavoretto.

何百万ユーロも彼に支払ったとしても、彼はこのアルバイトはしないだろう。

Al suo gatto Fifì non piace fare il bagno e nemmeno sentire la parola "bagno".

彼女の猫フィフィは、お風呂がきらいだ。お風呂という言葉を聞くことさえきらいだ。

注意

neanche のある文には否定の non は要りません。neanche の ne の部分に non の意味が含まれるからです。

例 電話もくれないしメールもくれない。

○ Non mi telefona e neanche mi scrive.

× Non mi telefona e neanche non mi scrive.

○ **ancora** 副 （まだ・もう一度・さらに）

● いまだに、まだ

12. Gli invitati non sono ancora arrivati?

招待客はまだ到着していないのですか？

13. Ricordo ancora volentieri i miei compagni di università.

大学の友達をいまだに好ましく思い出す。

14. Le temperature al Nord, nonostante sia estate sono ancora piuttosto basse.

北国の気温は、夏にもかかわらずまだ比較的低い。

15. Hai ancora il vestito che hai messo quando sei partita per la luna di miele? Incredibile!

新婚旅行へ出発したときに着ていた服をまだ持ってるの？信じられない！

● 再び、もう１度

16. Scusi potrebbe dire ancora il Suo nome?

すみません、お名前をもう１度おっしゃっていただけますか？

17. Dai, Martina, canta ancora quella canzone che cantavi in macchina ieri sera.

ねえマルティナ、昨日の夜、車のなかで歌っていた歌をもう１度歌ってよ。

● もっと、さらに , また

18. Può aspettare ancora un po' o preferisce tornare domani?

もう少し待っていただけますか。それとも明日またいらっしゃいますか。

19. Qui c'è troppo rumore, parla ancora più forte!

ここは騒音がひどい、もっと大きな声で話して！

関連語

già 副 もう、すでに

- Luca, hai già deciso che lavoro farai dopo la laurea?

- No, non ancora.

- ルカ、卒業後にどんな仕事をするか、もう決めた？
- いや、まだだよ。

presto/veloce/subito （早く・速い・すぐに）

遅れないように「早く、速く」

〔関連語 tardi, in ritardo/ velocemente/ subitaneo〕

presto は時間的に早い様子、veloce は動きが速い様子、subito は時間がかからない様子を表します。

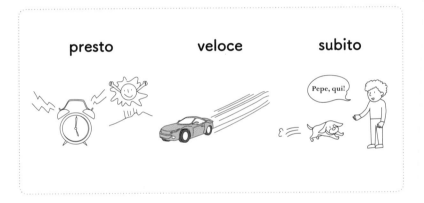

presto　　　　veloce　　　　subito

Pepe, qui!

○ **presto** 副 （すぐ、早く）

● すぐ、短時間で

1. Il cielo si coprì di stelle, comparve la luna e presto fu notte.

   空は一面の星だった。月が現れ、すぐ夜になった。

2. Fate presto, venite, Fifì è salita sull'albero nel giardino del vicino. Facciamo qualcosa per farla scendere!

   急いで来てよ、フィフィが近所の庭の木に登ったの。どうにかして降ろしましょう！

3. Si è ambientato presto nella nuova città.

彼は新しい町にすぐに慣れた。

4. Spesso anche il più grande scandalo viene presto dimenticato.

非常に大きいスキャンダルでも、やがて忘れられることが多い。

● 予定より先に、早く

5. In italia è un po' troppo presto cenare alle diciotto.

イタリアでは、18時に夕飯を食べるのは少し早過ぎる。

6. Siamo arrivati presto ed i negozi erano ancora chiusi.

早く着いたので店はまだ閉まっていた。

慣用句&ことわざ

il più presto possibile   出来るだけ早く

Vi consegneremo la merce il più presto possibile.

できるだけ早く商品を納品いたします。

関連語

tardi 副 遅く、遅れて

Purtroppo mi sono alzata tardi e non ho potuto vedere l'alba.

残念ながら遅く起きたので、日の出を見られませんでした。

Siamo partiti tardi a causa di un problema al motore dell'aereo.

飛行機のエンジントラブルのため、私たちは遅れて出発した。

in ritardo 遅れて

ある決まった時間より遅れていると言いたいときにしか使いません。
ただ「遅い」というときは tardi を使います。

Paola è di nuovo in ritardo. Cosa avrà dimenticato questa volta?

パオラはまた遅れてる。今回は何を忘れたんだろうね？

Mi raccomando, non venite in ritardo [tardi] alla lezione di domani.

お願いだから、明日の授業には遅刻しないで来てください。

Il treno è in ritardo di venti minuti. Telefoniamo ai nonni per avvisarli?

電車は 20 分遅れています。祖父母に電話して伝えましょうか。

注意

tardi と in ritardo のよくある間違い

例 もう 11 時だ。遅いから、急ごう。

○ Sono già le undici. È tardi, facciamo presto!

▶「時間が遅い」という意味なので tardi を使います。

× Sono già le undici. È in ritardo, facciamo presto!

▶この例文の場合、誰か / 何かが「遅刻している」という意味になってしまいます。

○ **veloce** 形（速い、すばやい）

　presto が時間的に早い様子を表すのに対して、veloce は動きが速い様子を表します。

● 動きが速い

7. Presto metteremo sul mercato l'auto elettrica più *veloce* al mondo.

   我々は、世界で最も速い電気自動車を早く市場に出します。

8. È un ciclista *veloce* anche in salita.

   彼は坂でもスピードのある自転車競技選手だ。

9. L'animale terrestre più *veloce* sembra che sia il ghepardo.

   地上の動物で一番速いのはチーターだそうだ。

● すばやく物事を行う様子

10. Mi piace come lavora il nuovo meccanico dell'officina all'angolo. È bravo e *veloce*.

    角の整備工場の自動車整備工の働きぶりが好きだ。巧みですばやい。

11. L'installazione di modem di alta qualità permette una connessione più *veloce* al web.

    高品質のモデムを設置することで、よりすばやいネットへの接続を可能にします。

● essere ＋ veloce ＋ a ＋不定詞　急いで～する

12. Forza, cerchiamo di *essere veloci a* comprare i souvenir: hanno già aperto il cancello per il nostro volo.

    さあ、お土産を急いで買いましょう、飛行機の搭乗がもう始まったよ。

13. Il bambino *è veloce a* finire di fare i compiti quando vuole giocare.

    こどもは、遊びたいときは急いで宿題を済ます。

essere più veloce della luce　光より速い　ものすごく速い

Come? È finito il vino? Vado a comprarlo subito! Sarò più veloce della luce.

なんだって？ワインがなくなった？すぐに買いに行くよ！超光速で行ってくる！

velocemente 副 速く

Lo struzzo, anche se è un uccello, non vola, ma corre velocemente.

ダチョウは鳥なのに飛ばないが、速く走る。

Il tempo scorre velocemente quando ci si diverte.

楽しいときは、時間が速く流れる。

○ subito 副（すぐに）

● 直ちに、すぐに

14. - Puoi rispondere tu al telefono?

- Sì, subito.

- あなたが電話に出てくれる？
- はい、すぐに出ます。

15. Io e mia moglie ci siamo visti per la prima volta alla stazione. Ci siamo guardati ed è stato subito amore.

私と妻は駅で初めて出会った。見つめ合い、直ちに恋に落ちた。

● 急速に、すばやく

☞ この場合 velocemente, presto と言い換えられます。

16. Questa colla è di ottima qualità, si asciuga subito ed ha anche un'ottima tenuta.

この糊は最高の品質で、急速に乾きます。粘着力もすごい。

17. Con la pentola a pressione il cibo si cuoce subito ed è anche molto gustoso.

圧力鍋だと、食べ物が短時間で料理出来るし、とても美味しい。

● 〜してすぐに、直後に

subito dopo ＋名詞

subito dopo ＋不定詞（主節と主語が同じ場合）

subito dopo che ＋節（主節と主語が違う場合）

18. Subito dopo essermi laureata sono venuta in Giappone.

大学を卒業してすぐに日本に来ました。

19. Subito dopo che sei uscito, ha telefonato tua madre.

あなたが出かけた直後に、お母さんから電話があったよ。

20. Fifi, subito dopo il bagnetto, è scappata: era molto arrabbiata con Paola, la sua padroncina.

フィフィは、水浴びのあとすぐに逃げだした。飼い主のパオラにたいへん腹を立てていた。

関連語

subitaneo 形 突然の、すぐの

Il subitaneo arrivo dell'ambulanza ha salvato la vita a una persona.

救急車が直ちに到着したことが、ひとりの命を救った。

durante/mentre/intanto （～の間）

「間」の後に何が来る？

〔関連語 durare〕

durante と mentre は「～の間」という意味になりますが、あとに来る文の要素が異なるので要注意です。intanto は「その間のある時点に」という意味の副詞です。

Luca dorme
durante la lezione.
Luca dorme
mentre è a lezione.

mentre/durante

授業の間ルカは寝ている。

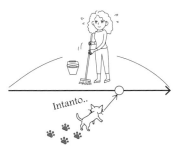

Intanto..

Paola stava pulendo, intanto è entrata Fifì.
=Mentre Paola puliva, è entrata Fifì.

パオラが掃除をしていたら、フィフィが入ってきた。

durante 前（〜の間 〜の間ずっと）

durante は前置詞で、あとに名詞が来ます。

durante ＋名詞　〜の間

1. Durante la corsa, soprattutto in estate, bisogna bere moltissimo per evitare la disidratazione.

   とくに夏のランニング中は、水分不足を避けるため、たくさん飲む必要がある。

2. Durante il fascismo erano vietati nomi e parole straniere.

   ファシズム時代は外国語の名前や言葉が禁止されていた。

3. Durante il periodo della "bolla" il prezzo del terreno era salito moltissimo.

   バブル期には、土地が非常に値上がりした。

関連語

durare 動 持続する、長持ちする

Questo film è piuttosto lungo, dura quasi tre ore, ma non è affatto pesante.

この映画はわりと長めで、3時間ほどの長さだが、ちっとも重たくはない。

Il latte, in estate, anche se è conservato in frigo, non dura molto; è meglio berlo il più presto possibile.

牛乳は、夏には冷蔵庫に入れておいてもそんなに日持ちしない。できるだけ早く飲んだ方がいい。

mentre 接 （～しながら、～するのに対して）

● mentre + 節　～している間（ずっと）、～しながら

4. Guarda sempre la tv mentre mangia.

   彼（彼女）はいつも食べながらテレビを見る。

5. Mentre parlavo, mi guardava fisso negli occhi.

   話している間、彼は私の目をじっと見ていた。

● ～しているときに

6. Il professore è entrato mentre gli studenti stavano litigando.

   生徒達が言い争っていたとき、教授が入ってきた。

7. Mentre Luca dorme Pepe, piano piano, sale sul suo letto.

   ルカが寝ているとき、ペペはそろそろとベッドの上にあがる。

● ～しているのに対して、～する一方 =invece

8. La sceneggiatura di quel film è molto bella, mentre gli attori, secondo me, non sono molto bravi.

   この映画の脚本はとてもすばらしいのに対して、役者はそんなに上手くないと私は思う。

9. Lui voleva comprare quel nuovo dispositivo digitale, mentre io, non ero affatto interessata.

   あの新しい電子機器を彼は買いたがっていたのに対して、私はぜんぜん興味を引かれなかった。

intanto 副 （その間に・今のところ）

● その間に

10. Io mi stavo preparando e intanto lui è arrivato.

    私が支度をしていたら、彼が到着した。

11. Fra mezz'ora ti raggiungo al cinema, tu, intanto, compra i biglietti e i popcorn.

    半時間後に映画館であなたと合流するよ。その間、チケットとポップコーンを買っておいてね。

● 今のところ、当面、とりあえず

12. Intanto facciamo in questo modo. Poi possiamo sempre cambiare.

    当面は、このやり方でいきましょう。その後、いつでも変えられますからね。

13. Intanto paga tu e poi dividiamo le spese.

    とりあえず君が払っておいて。後でワリカンにしよう。

● それなのに、それでいて

比較するときにつかわれますが、否定的なニュアンスがあります。この意味では mentre も使えます。

14. Io lavoro e guadagno i soldi e intanto voi li spendete.

    私が働いてお金を稼ぐのに対し、君たちはそれを消費する。

15. Ti lamenti sempre della tua situazione lavorativa e intanto non fai niente per cambiarla.

    あなたはいつも労働環境に文句を言っているのに、それを変えるためには何もしないよね。

ultimo/recente（最後の・最近の）

最後のニュースは最新ニュース

〔関連語 in ultimo/ recentemente ［di recente, ultimamente］〕

　ultimo は「最後の」という意味以外に、「最新の」「最近の」という意味でもよく使われるので要注意です。recente も「最近の」という意味ですが、「最新の」の意味はありません。

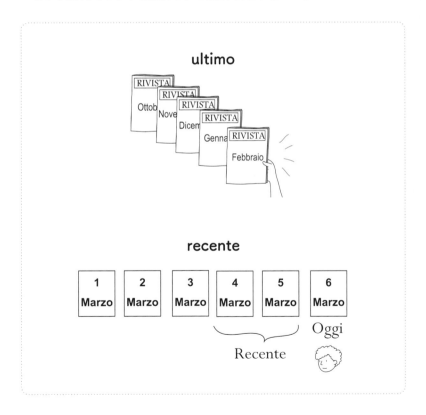

ultimo

recente

| 1 Marzo | 2 Marzo | 3 Marzo | 4 Marzo | 5 Marzo | 6 Marzo |

Oggi

Recente

○ **ultimo** 形（最後の、最新の）

● 最後の、一番後ろの

☞名詞として「一番後ろの人 / もの」という意味でも使います。

1. Sono arrivato all'ultima pagina di questo libro. È già finito. Che peccato!

   この本の最後のページにたどり着いた。もう終わりだ。残念!

2. Scusi, chi è l'ultimo della fila?

   すみません、列の最後尾はどなたですか?

3. L'ultimo maratoneta della gara è arrivato al traguardo zoppicando.

   1番最後のマラソン走者は、足をひきずりながらゴール・インした。

4. Le ultime settimane di dicembre sono davvero molto intense, piene di impegni e di scadenze.

   12月の最後の何週間かは、用事や締め切りがいっぱいで、ほんとうに多忙だ。

● この前の、最新の

5. Cosa dicono le ultime notizie circa gli ostaggi liberati?

   最新ニュースでは、解放された人質について何ていってるの?

6. Come non ti piace questo vestito?! Ma se è all'ultima moda.

   どうしてこの服好きじゃないの?最新の流行なのに。

7. Luca è sempre aggiornato tecnologicamente ed ha quasi tutti gli ultimi software in commercio.

   ルカはいつもテクノロジーについて最新情報に通じている。市場に出回っているソフトウェアの最新版もほとんど全部持っている。

● 〜から1番遠い

〜をするのに1番最後だ→〜をするのに最もふさわしくない、1番関係ない、という意味合いです。

8. Martina era l'ultima persona che mi aspettavo di incontrare alla festa.

マルティナはパーティーで一番会うと思っていなかった人物だった。

慣用句&ことわざ

ride bene chi ride ultimo　最後に笑う者がよく笑う

Gli altri paesi ironizzano sul nuovo governo italiano, ma i sostenitori commentano: ride bene chi ride ultimo.

他の国はイタリアの新しい政府を皮肉るけど、支持者達はこう言う。「最後に笑う者がよく笑うのだ」

関連語

in ultimo　最後に

Alla premiazione del concorso di ballo c'erano tutti i miei amici. C'è stata la consegna dei premi, le foto con gli sponsorizzatori ed in ultimo un bel banchetto con tanti cibi gustosi.

ダンス・コンクールの授賞式には私の友達がみんないた。賞の授与、スポンサーとの写真、そして最後においしい物がたくさんの宴会があった。

recente 形 （最近の）

● 最近の、近ごろの

9. In un recente viaggio a Parigi, Paola ha chiaccherato a lungo con un simpatico ragazzo giapponese.

最近のパリ旅行で、パオラはいい感じの日本人の若者と長くしゃべった。

10. Le recenti scoperte nel campo medico stanno sconfiggendo alcune malattie che una volta si consideravano incurabili.

医学分野の最近の発見は、かつて不治だとされていたいくつかの病気を打ち負かしつつある。

11. Un recente sciopero dei mezzi pubblici sembra che abbia paralizzato la città per quasi tutta una giornata.

この間の交通機関のストは、ほとんどまる1日、町を麻痺させたようだ。

関連語

recentemente [di recente/ ultimamente]
副 近ごろ、最近

Recentemente ci sono diverse scuole di sci anche per i non vedenti.

最近は、目の見えないひと向けにもいくつかスキー学校がある。

certo/sicuro （確かな）

「確実」に覚えたい頻出の形容詞

〔関連語 incerto, certezza/ insicuro, sicurezza〕

　どちらも「確かだ」という意味ですが、certo は「疑いない」
sicuro は「安全だ」というのが基本的な意味です。どちらも、「も
ちろん」などを意味する返事としても使われます。それぞれの反
対語 insicuro、incerto も一緒に覚えておきましょう。

certo　　　　　　　sicuro

Sì ✄
Sì !
Sì!=Certo

○ **certo** 形 副 （確かな、確かに）

疑いのない様子を表します。

● 確かな

☞名詞の後に置かれます。

1. Secondo mia nonna un rimedio certo contro il raffreddore è riposare tranquillamente a casa.

祖母によると、風邪に効く確かな薬は家でゆっくり休むことだ。

2. La polizia ha raccolto delle prove certe contro il presunto assassino.

警察は殺人の容疑者にたいして確実な証拠を集めた。

3. Sono davvero certe le fonti di alcune notizie?

ニュースの情報源はほんとうに確かなの？

● 〜は確かだと思う

essere certo che + 節 (主節と主語が違う場合)

essere certo di + 不定詞 (主節と主語が同じ場合)

4. Sono certa che prima o poi Paola cambierà idea sul viaggio in Giappone.

遅かれ早かれ、パオラが日本への旅行について考え直すのは確かだと思うよ。

5. Siamo certi di arrivare in tempo all'aereoporto con questo macinino?

このポンコツ自動車で、空港まで間に合うように着くと思っていいのか？

● いくらかの、ある種の

☞名詞の前に置かれます。

6. Per lavori in corso, quella strada sarà aperta al traffico solo in certe ore della giornata.

工事中のため、あの道路は昼間の数時間しか通行できないでしょう。

7. Per certa gente è normale dormire al cinema.

　ある種の人々にとって、映画館で寝るのは普通のことだ。

● 確かに、もちろん＝ certamente

☞副詞的に使うことがあります。

8. -Hai voglia di uscire?

　- Certo.

　- 出かけたいの？
　- もちろん。

9. Certo partecipare è importante, ma vincere è gratificante.

　もちろん参加することは大事だけど、勝つことで満足感を得られる。

10. A quest'ora sarà certo tornato a casa, telefoniamogli!

　この時間なら彼は確実に家に帰っていると思う。電話してみよう。

※ certo については形容詞・副詞・接続詞 14「位置で意味が変わる形容詞」certo ☞
p. 283

関連語

incerto 形 不確かな、不安定な、（人が）確信がない、自信がない

Sono molto incerto se andare in vacanza in Sicilia o in Trentino.

シチリアにバカンスに行くかトレンティーノにするか、すごく迷ってる。

Il servizio meteorologico prevede tempo incerto per il fine settimana.

気象台は、週末は不安定な天気だと予報している。

È ancora incerta la causa che ha provocato l'incendio al teatro comunale.

市民劇場が火事になった原因はまだ不明だ。

sicuro 形 副 （安全な、信頼できる、確かに）

● 安全な

11. Non è sicuro andare in giro di notte da sole in questa città.

この町では、女性だけで夜に歩き回るのは安全ではない。

12. Pensate che sia una proposta sicura o rischiosa?

安全な提案だと思う？それともリスキーな提案だと思う？

● 信頼できる

13. Agli amici sicuri confido tutto, senza reticenze.

信頼できる友達には、遠慮なしにすべて打ち明けます。

14. È una persona sicura, puoi fidarti di lui.

彼は信用できるひとだよ、彼を信じていい。

● 確かな

☞ この意味では certo と同義語です。

15. La fonte era sicura e ho deciso di pubblicare l'articolo scandaloso.

情報筋が確かだったので、スキャンダル記事を公表することに決めた。

● 〜は確かだと思う、〜だと信じている

essere sicuro [certo] che + 節（主節と主語が違う場合）

essere sicuro [certo] di + 不定詞（主節と主語が同じ場合）

16. Sono sicuro che il capo apprezzerà molto il tuo progetto.

    上司はきっと、君の計画を非常に評価するだろうと思うよ。

17. Siete sicure di riuscire a scalare questa montagna?

    あなたたち、ほんとにこの山をよじ登れるの？

● 確かに、もちろん

副詞として、certo, certamente, sicuramente と同じように使えます。

18. -Paola, davvero andrai in Giappone?

     - Sicuro, perché?

    - パオラ、ほんとうに日本に行くの？
    - もちろんだよ、なんで？

慣用句&ことわざ

sicuro di sé 経験や能力がある、自信がある

Franco adora la sua macchina ed è anche molto calmo e sicuro di sé al volante.

フランコは自分の車を愛している。ハンドルを握るときも、とても落ち着いていて自信をもっている。

関連語

insicuro

形 （人が）はっきりしない、自信のない （物が）安全でない

Mi sento insicura nell'uso del congiuntivo in italiano.

私はイタリア語の接続法の使い方に自信がない。

I Monti Appennini nel XIX sec. erano pieni di briganti che rendevano insicuri i trasporti.

19世紀のアペニン山脈は山賊だらけで、輸送は安全ではなかった。

注意

天気が不安定な場合は insicuro でなく incerto を使います。

例 天気は週末に不安定になるでしょう。

× Il tempo sarà insicuro per il fine settimana.

○ Il tempo sarà incerto per il fine settimana.

sicurezza 形 (f) 安全、自信

Quando si viaggia in macchina è obbligatorio allacciare la cintura di sicurezza.

車で走行するときはシートベルトを締めることが義務付けられている。

Gli sport di gruppo rafforzano la cooperazione e la sicurezza in sè stessi.

集団競技は協調性や自信を高める。

occupato/impegnato/pieno/ esaurito （忙しい・〜でいっぱいの・売り切れた）

やること「いっぱい」で「忙しい」！

〔関連語 occupazione, disoccupato/ impegno, impegnativo/ pienotto, vuoto〕

　occupato は「他の人や物に占められている」、impegnato は「すべきことがあって忙しい」というのが基本的な意味です。また、pieno と esaurito は逆の概念で、pieno は器などが「いっぱいである」イメージ、esaurito はその逆に「いっぱいだったものがなくなってしまった」イメージを表します。

occupato

Il posto è occupato.
座席はふさがっている。

impegnato

Martina è impegnata.
マルティナは忙しい。

pieno ⇔ esaurito

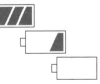

La batteria è piena/esaurita.
電池が満タンだ / 切れている。

occupato 形 （占められている・忙しい）

1. Sto provando a telefonare a Paola, ma la linea è sempre occupata.

   パオラに電話しているんだけど、ずっと話中なの。

2. Questi bagni sono occupati. Andiamo a quelli del piano di sopra.

   これらのトイレは使用中だ。上の階のトイレに行こう。

3. La poltrona era occupata da Fifì e Paola si è seduta a terra, sul tappeto.

   肘掛け椅子はフィフィに占領されていたので、パオラはカーペットの上に直に座った。

● 自由になる時間がない→忙しい

4. Martina sarà occupata anche il prossimo fine settimana.

   マルティナは来週末も忙しいだろう。

5. Vorrei sapere perché Franco è sempre occupato, quando gli chiedo di andare insieme a fare spese.

   一緒にショッピングに行こうと訊くと、どうしてフランコはいつも忙しいのかしらねぇ。

● ～で忙しい、～するのに忙しい

essere occupato in/ per + 名詞

essere occupato a + 不定詞

6. Siete molto occupati nella programmazione dei seminari su Roma antica, vero?

   あなた方は、古代ローマについてのセミナーを計画するのに忙しいのでしょう？

7. Sono occupata per la preparazione del prossimo viaggio d'affari.

次の出張の準備で忙しいの。

8. Martina e Paola sono occupate a organizzare la festa di compleanno di Luca.

マルティナとパオラは、ルカの誕生日パーティーを企画するので忙しい。

● 従事する

9. Recentemente sono aumentate le persone occupate nel settore terziario.

このところ、サービス産業に従事している人々が増えた。

関連語

occupazione 名 (f) 職業、仕事

Molti giovani italiani vanno all'estero per trovare un'occupazione.

多くのイタリア人の若者は仕事を求めて外国へ行く。

disoccupato 名 (m/f) 失業者、形 失業している

Alcuni disoccupati lavoreranno temporaneamente come operatori ecologici.

失業者の一部は、清掃作業員としてパートタイムで働くだろう。

impegnato 形 （用事がある・忙しい）

「用事がある」というのが基本的な意味です。「自由な時間がない」、「何かするのに / 何かのために忙しい」という意味にもなります。その意味では occupato と同じです。

● 〜で忙しい

essere impegnato (in/ per + 名詞)

essere impegnato a + 不定詞

10. Sono già impegnata domani sera, mi dispiace.

明日の夜はもう予定が入っています、残念ですが。

11. Siamo troppo impegnati per quel nuovo progetto ed abbiamo rifiutato altri lavori.

私たちはあの新しいプロジェクトで忙しすぎて、他の仕事を断りました。

12. Luca, adesso, è impegnato a preparare la tesi di laurea.

ルカは今、卒業論文の準備で忙しい。

● 社会運動などへ参加している、奉仕している

13. Lui è un regista impegnato: i suoi film spesso parlano della solitudine che esiste fra gli anziani.

彼は問題意識のある監督だ。彼の映画はしばしば高齢者の間に存在する孤独について話題にしている。

14. Questa è una rivista impegnata che tratta spesso dei problemi dell'integrazione degli immigrati.

これは移民の受け入れ問題についてよく取り上げている、社会派の雑誌だ。

impegno 名 (m) 用事

Il mese prossimo avrò tanti impegni sia di lavoro che familiari.

来月は、仕事や家庭の用事がたくさんあります。

impegnativo 形 努力やエネルギーを必要とする

È stata una gara molto impegnativa. Alla fine gli atleti erano distrutti.

とても骨の折れるレースだった。最後は、選手達は疲労困憊だった。

Gli esami per entrare all'università in Giappone sono molto impegnativi.

日本の大学入試は、たいへんな労力を要する。

pieno 形 (いっぱいの)

● 容器などにいっぱいの、満員の

15. La valigia è tanto piena che non riesco a chiuderla.

スーツケースは閉められないほどぱんぱんだ。

16. Il ristorante è pieno: non c'è neanche una sedia libera.

レストランは満員だ。空いている椅子ひとつない。

● essere pieno di + 名詞　～でいっぱいの

17. La borsa di Paola è piena di cose spesso inutili.

パオラのバッグは、あまり使わないものでいっぱいだ。

18. A Tokyo, la domenica, i musei sono spesso pieni di gente.

東京では、日曜に美術館がよく混雑する。

● 真っ盛りの

19. I ladri sono entrati in casa in pieno giorno ed hanno rubato solo alcuni gioielli di poco valore.

泥棒達は真っ昼間に家に入り、ほとんど価値のない宝飾品を盗んだだけだった。

20. Quest'anno i fiori di ciliegio hanno raggiunto la piena fioritura prima del solito.

今年は桜がいつもより早く満開になった。

21. Che bella la luna piena in autunno in Giappone.

日本の秋の満月はなんて美しいのだろう。

比べてみよう！

pieno と occupato

L'albergo è pieno: tutte le stanze sono occupate.

ホテルは満員だ。部屋は全部埋まっている。

Lui è sempre tanto pieno di impegni. È occupatissimo.

彼はいつも用事でいっぱいだ。非常に忙しいのだ。

慣用句&ことわざ

essere pieno　満腹である

Il dolce? No grazie, sono davvero piena!

デザート？　結構です、ほんとうにお腹がいっぱいなの。

fare il pieno (di benzina)　（ガソリンを）満タンにする

Il viaggio in macchina è molto lungo; fermiamoci prima ad un distributore per fare il pieno.

車の旅はとても長距離だ。最初にガソリンスタンドに寄って満タンにしよう。

pienotto 形 ふくよかな、ふっくらした

Quella bimba è deliziosa con le guance pienotte e sempre sorridente.

あの女の子は、ふっくらした頬をして、いつも笑顔で、とてもかわいい。

vuoto 形 ⇔ pieno　空の

Il barattolo di marmellata è vuoto. Chi l'avrà mangiata?

ジャムの瓶が空っぽだ。だれが食べたのだろう？

Il pessimista vede il bicchiere mezzo vuoto l'ottimista, invece, mezzo pieno. E tu?

悲観論者はコップに半分しか入っていないとみるのに対して、楽観論者は半分も満たされているとみる。あなたは？

esaurito 形（尽きた・疲れ果てた）

● 尽きた、品切れの

22. Molte miniere di carbone adesso sono esaurite.

多くの炭鉱は今は掘り尽くされている。

23. Volevo andare a teatro a vedere un'opera pucciniana, ma i biglietti erano esauriti.

劇場にプッチーニのオペラを観に行きたかったけど、チケットが売り切れていた。

● 肉体的・精神的に弱っている、疲れ果てている

24. Con il lavoro impegnativo in ufficio, la casa e tre bambini piccoli da curare, mia sorella sembra piuttosto esaurita!

オフィスの骨の折れる仕事、家事に 3 人のこどもの世話で、姉はかなり消耗している ようだ。

25. Ha deciso di lasciare il lavoro perché troppo occupato con straordinari ogni giorno e mesi senza giorni di riposo, era esaurito.

彼は仕事を辞めることに決めた。毎日の残業や、休日のない数ヶ月で忙しすぎて、疲 労困憊になってしまったからだ。

infatti/ in effetti / insomma（実際）

「実は」使い間違いが多い！
「実際に」会話でよく使う表現

　会話の中でよく使われる表現、「実際〜」と「実際は〜」。日本語でも同じようでいて使いどころが違いますよね。イタリア語のinfatti と in effetti も、ニュアンスが違います。うまく使い分けていきましょう！

　会話でよく使われる insomma は「要するに」という意味ですが、ネガティブなニュアンスでも使われるので要注意です！

○ **infatti** 接（実際・その通り）

● 実際、というのも、

　前に言ったことに確証を与えたり、詳しく説明したりしたときに使います。

1.　Si dicono maglioni "a dolce vita" perché nel film "la dolce vita" Marcello Mastroianni indossava, infatti, questo tipo di maglione a collo alto.

> （これらは）ドルチェヴィータ風セーターといいます。なぜなら、映画『甘い生活（la dolce vita）』で、実際にマルチェロ・マストロヤンニがこのタイプのハイネックのセーターを着ていたからです。

2. Ha nevicato tutta la notte, infatti stamattina ci sono 20cm di neve sulle strade.

夜じゅう雪が降ったんだよ。だって、今朝は、道に 20 センチくらい雪が積もってるもの。

● その通り！

肯定の返事として、「！」を付けて使います。

3. - Ieri sera hai perso l'ultimo treno e sei tornato a casa in taxi, vero?

   - Sì, infatti! Come lo sai?

   - 夕べ君は最終電車を逃してタクシーで家に帰ったんだね？
   - うん、その通りだよ！どうして知ってるの？

4. - Sono diminuite le persone che sul treno leggono il giornale, vero?

   - Sì, infatti!

   - 電車で新聞を読むひとが減りましたよね？
   - そうなんですよ！

○ in effetti （実際・実際は）

対照的な二つの使い方があるので注意しましょう。

● 事実、実際

（ある決まった原因がありその結果として）

この意味では infatti と置き換えることができます。

5. Lui ha detto che stavamo sbagliando strada ed in effetti ci siamo persi.

彼は、私たちが道を間違えていると言った。そして事実、私たちは道に迷った。

● 事実は、実際は

前に言ったことと反対のことを言う場合にも使われます。この場合は infatti と換えることはできません。

6. Lui sembra molto preparato sull'argomento, ma, in effetti non lo è.

彼はその話題について非常に知識のあるようにみえるが、実際はそうではない。

比べてみよう！

infatti と in effetti

例 財布を家に忘れてきたと思っていたが、実際は、学校に
忘れていた。

○ Pensavo di aver lasciato il portafoglio a casa, in effetti
lo avevo dimenticato a scuola.

▶後の部分が前の部分と逆のことなので、in effetti を使います。

× Pensavo di aver lasciato il portafoglio a casa, infatti lo
avevo dimenticato a scuola.

例 昨日は胃が痛かった。実際、ほとんど何も食べなかった。

○ Ieri ho avuto mal di stomaco ed infatti [in effetti]
ho mangiato pochissimo.

▶前と後とで逆のことにはなっていません。この場合は
infatti も in effetti も使えます。

insomma 副 （要するに・いまひとつ）

つまるところ、要するに

会話の中でよく使われます。

7. Questa composizione è piena di errori ed anche il contenuto è scarso. Insomma, devi rifarla!

   この作文は間違いだらけで内容も薄い。要するに、やりなおさなくてはいけません！

8. Lui dice che è giovane, che non ha ancora trovato la ragazza giusta, che, insomma, non pensa ancora al matrimonio.

   彼が言うには、自分は若いし、ふさわしい女性をまだ見つけていないとのことだ。要するに、まだ結婚を考えていないのだ。

いまひとつ

あまりよくないことを表します。

9. - Ti è piaciuto il film?

   - Insomma. Mi aspettavo di più.

   - 映画は気に入った？
   - いまいちかな。もっと期待してたんだ。

Insomma.

いらだちや反対の気持ちを表す。

10. Insomma, andiamo? Già siamo in ritardo.

    いいから、もう行きましょう。もう遅刻しているよ。

11. Insomma, basta! Smettete di litigare!

    まったくもう、いい加減にして！口論をやめて！

perché/poiché[siccome, dato che/dal momento che/ visto che]/perciò [quindi/dunque]
（なぜなら・したがって・だから）

違いを知って使いこなしたい
接続詞たち

　理由を表す接続詞でチェックしておきたいポイントは、文中での位置と機能です。文頭に持ってくることができるか？接続詞の前に理由が来るのか、後に理由が続くのか？確認しておきましょう。

Piove perciò Luca ha l'ombrello.
雨が降る、だからルカは傘を差す。

Luca ha l'ombrello perché piove.
ルカは傘を差す、なぜなら雨が降るからだ。

Poiché piove, Luca ha l'ombrello.

雨が降るので、ルカは傘を差す。

perché 接 （どうして・なぜなら）

● 理由や目的を尋ねるとき（直接疑問文で）
どうして、なぜ

1. Martina, perché sei sempre nervosa?

   マルティナ、どうしていつもイライラしているの？

2. Non mi sembri convinto. Perché?

   納得していないみたいだね。どうして？

● どうして、なぜ～なのか（間接疑問文で、動詞の後に続
けて直説法または接続法で）

3. Luca non capisce perché Pepe abbai quando vede il vicino.

   ルカは、どうしてペペが隣の人を見ると吠えるのかわからない。

4. Mi chiedo perché Paola si sia arrabbiata con Martina.

   どうしてパオラはマルティナに怒ったのだろう。

● perché non.....? （提案するときに） 〜するのはどう？

5. È la notte di San Lorenzo; perché non andiamo tutti a vedere le stelle cadenti?

サン・ロレンツォの夜だ。みんなで流れ星を見に行かない？

※サン・ロレンツォの夜　8月10日の夜。流れ星が多いという。

● 〜なので、なぜなら〜 （理由を表す節で）

6. Martina è stressata perché in ufficio le cose non vanno come vorrebbe.

オフィスで物事が思うように行かないので、マルティナはストレスを感じている。

7. Luca si addormenta a lezione perché studia di notte.

ルカは授業中に寝ている。夜に勉強するからだ。

● perché + 接続法の節

〜するために、〜するように　= affinché

8. Ti affido la mia gattina mentre io non ci sono perché tu la curi.

私が不在の間、あなたに世話をしてもらうように、猫を預けるわ。

9. Ti spedisco i soldi perché tu possa estinguere il debito.

あなたが借金を返せるように、お金を送ります。

poiché [siccome/ dato che/ dal momento che/ visto che] 接 (〜なので)

〜なので

理由を表す従属節で用います。従属節が文頭に来る場合に使います（後に来る場合、perché の方が好まれます）。

10. Poiché è un dormiglione, fa sempre tardi la mattina.

彼は寝坊なので、いつも朝は遅刻する。

11. Siccome non lavavo le tende da un anno, finalmente, ieri mi sono decisa a farlo.

1年カーテンを洗っていなかったので、ついに昨日洗う決心をした。

12. Dato che sei in piedi, mi prendi le forbici?

立っているついでに、はさみを取ってくれない？

13. Dal momento che prendo la macchina chiedo anche a Martina se vuole un passaggio in ufficio.

私は車に乗っているので、マルティナにもオフィスまで送って欲しいか訊いてみます。

14. Visto che non arriva ancora, gli telefoniamo?

彼はまだ着いていないから、電話しようか？

perciò [quindi/dunque] 接
（だから・したがって）

● だから、したがって

文の前半の内容から導き出される事柄を続けるときに使います。

15. Forse ero in terrazzo perciò non ho sentito la tua telefonata.

たぶんテラスにいたので、あなたの電話が聞こえなかったのでしょう。

16. La gonna è leggermente larga dunque chiederò a mia madre di stringerla un po'.

スカートが少々ゆるいので、母に少し詰めてもらうよう頼もう。

17. Fra due giorni Luca si laurea quindi è molto emozionato.

ルカは2日後に卒業試験がある。だから、とても緊張している。

※イタリアの大学では卒業時に口頭試問があります。

> **注意**
>
> この章で出てくる接続詞の使い方を比べて確認しましょう。
>
> **例** 私は敏感肌なので、自然化粧品を使っています。
>
> ○ Ho la pelle molto delicata perciò uso cosmetici
>   naturali.
>
> × Ho la pelle delicata perché uso cosmetici naturali.
>
> ▶因果関係が逆です。
>
> ○ Uso cosmetici naturali perché ho la pelle delicata.
>
> ▶ poiché を使う場合は主節の前に置きます。
>
> ○ Poiché ho la pelle delicata, uso cosmetici naturali.

duro/severo/stanco/faticoso
（厳しい・つらい・疲れた・疲れる）

ハードな毎日、「お疲れさま」な形容詞

〔関連語 doloroso〕

　duro は「かたい」のほかに、「肉体的につらい」という意味があります。それに対して、severo は「精神的につらい」場合に使います。stanco「人が疲れている」と faticoso「物事が疲れさせる」の使い分けにも注意しましょう。

Martina è stanca.
マルティナは疲れている。

È faticoso fare il bagno a Fifì.
フィフィをお風呂に入れるのは疲れる。

○ **duro** 形 （硬い・つらい・厳格な）

● 切ったり押したりに抵抗力のある、硬い

1. Il materasso di questo albergo è troppo **duro** per me.

　このホテルのマットレスは私には硬すぎる。

2. Dove hai comprato questa carne? È dura.

   とこでこの肉を買ったの？硬いわね。

3. Il tappo della bottiglia è piuttosto duro. Riesci a toglierlo tu?

   ボトルの栓がけっこう固い。あなたなら開けられる？

（肉体的に）難しい、つらい

4. Le vacanze in montagna sono piacevoli ma viverci è duro, secondo me.

   山でのバカンスは心地よいけれど、住むのはつらいと私は思う。

5. Dopo una giornata di duro lavoro voglio rilassarmi ascoltando un po' di musica.

   ハードな仕事での１日の後は、音楽を聴いてリラックスしたい。

厳格な、冷酷な

6. Forse lui è così duro perché ha avuto un'infanzia molto difficile.

   おそらく、非常に困難なこども時代があったので、彼はこうも冷酷なのだろう。

7. In quel quadro la donna ha un'espressione dura, sembra che abbia avuto una vitaccia.

   あの絵の女は厳しい表情をしている。つらい人生だったのかもしれない。

testa dura　頭が固いこと

Martina, qualche volta, ha la testa dura: cambia difficilmente idea.

マルティナは、ときどき頭が固いことがある。考えをなかなか変えない。

○ **severo** 形 （厳しい）

● 規則などを守るのに努力を要する、精神的に厳しい、つらい

8. Gli studi di medicina sono lunghi e severi ed è necessaria tanta passione.

医学の勉強は長く厳しく、たくさんの情熱が必要だ。

9. Le regole in quella scuola sono troppo severe e molti studenti si lamentano.

あの学校の規則は厳しすぎるので、多くの生徒が文句を言っている。

● （人についての形容で）厳格で規則や行動などを押しつける

10. Quel professore è molto severo con gli studenti, ma anche bravo a stimolare il loro interesse nello studio.

あの教授は学生にたいへん厳しいが、彼らの勉学における興味を刺激するのは上手い。

11. Mia madre era severa con noi e ogni mattina dovevamo mettere assolutamente in ordine la nostra stanza.

母は厳しかったので、私たちは毎朝必ず部屋を片付けなければいけなかった。

● （妥協を許さないものを形容して）厳しい

12. Con uno sguardo severo dell'insegnante gli studenti hanno smesso subito di chiacchierare fra di loro.

先生の厳しいまなざしに、生徒たちはすぐにおしゃべりをやめた。

13. Il governo ha preso severi provvedimenti contro gli evasori fiscali.

政府は脱税者に対して厳しい措置を取った。

比べてみよう！

duro と severo

duro は「肉体的に厳しい」、severo は「規則で厳しい」場合に使います。

Sono percorsi di montagna duri e pericolosi.

厳しく危険な山道だ。

▶肉体的につらいので、duro が使われています。

I samurai si sottoponevano ad una severa [dura] disciplina.

武士は厳しい規律に従っていた。

▶この文ではどちらも OK です。武士道は肉体的にも精神的にも厳しいと捉えられるからです。

doloroso 形 体や心に痛みや苦しみを感じる

Sembra che piano piano il bambino stia superando la dolorosa perdita della nonna.

こどもは、祖母のつらい喪失を、少しずつ乗り越えつつあるようだ。

stanco 形 （疲れている・うんざりしている）

● 疲れた、疲れている

14. Dopo un'intera giornata al mare, eravamo molto stanchi e siamo andati a letto alle 10.

海で1日中過ごした後、私たちはとても疲れて10時には寝床に就いた。

15. Quando sono stanca divento intrattabile.

私は疲れたときは気むずかしくなります。

● stanco di + 人 / 物 / 不定詞
〜に耐えられない、うんざりしている

16. La ragazza di Franco è stanca di lui e delle sue bugie.

フランコの彼女は、彼とそのウソにもう耐えられない。

17. Paola e Martina sono stanche dei continui ritardi di Luca.

パオラとマルティナはルカの遅刻が続くことにうんざりしている。

18. Luca, stanco di scrivere la tesi di laurea, mise il guinzaglio a Pepe e lo portò a fare una passeggiata.

ルカは卒業論文を書くのに飽き飽きして、ペペにリードを付けると散歩に連れて行った。

faticoso 形（疲れさせる）

faticoso は「疲れさせる物事」を形容するのに使い、「疲れている人」の形容には使わないので注意しましょう。その場合は stanco を使います。

● 疲れさせる

19. La salita per arrivare a scuola è davvero faticosa.

学校へ行く坂道はほんとうに疲れる。

20. Per una casalinga le feste natalizie sono più faticose che divertenti.

主婦にとって、クリスマス休暇は楽しいと言うより疲れさせるものだ。

● essere faticoso[duro] + 不定詞 　～するのは疲れる

☞ 3人称単数の形でしか使いません。

21. È faticoso riprendere a lavorare dopo un mese di vacanza.

1ヶ月のバカンスの後に仕事を再開するのは疲れる。

stanco と faticoso のよくある間違い

例 彼は仕事で疲れている。

○ Lui è stanco del suo lavoro.

× Lui è faticoso del suo lavoro.

▶ faticoso は通常、人には使いません。「疲れさせる物事」
　を形容するのに使います。

× Il suo lavoro è stanco.

▶ stanco は物には使いません。

○ Lui è stanco perché il suo lavoro è faticoso.

彼の仕事は骨が折れるので、彼は疲れている。

maturo/ invecchiato/ stagionato （熟した・年を取った）

ニュアンスの違いが大事！

〔関連語 immaturo, acerbo〕

　　maturo は「熟している」という意味の形容詞で、果実だけでなく、人やワインにも使われます。似た意味で invecchiato「年を取った」, stagionato「熟成を重ねた」があります。反対語は immaturo「未熟な」acerbo「未熟で酸っぱい」です。

| maturo | invecchiato | stagionato |

○ **maturo** 形 （熟した）

● （果実や野菜などが）熟した

1. Al supermercato compra della frutta ben maturo, mi raccomando.

　　スーパーでよく熟したくだものを買ってきて、頼むわよ。

2. I pomodori non sono ancora maturi: hanno un sapore aspro e amaro.

トマトはまだ熟していないのですっぱくて苦い味がする。

● 知恵や分別、責任感のある（年齢に関係なく）

3. Martina è una giovane donna matura ed in gamba.

マルティナは、分別があり有能な若い女性だ。

● 壮年の、身体的・知的に円熟した年齢の

4. Signora, Lei non è anziana a sessant'anni, ma solo matura.

奥さん、あなたは 60 歳では老年ではありません、熟年ですよ。

（関連語）

immaturo 形 未熟な、まだ熟していない ⇔ maturo

I cachi immaturi allappano la bocca.

熟していない柿は渋い。

Lui è ancora immaturo per sposarsi.

彼はまだ結婚するには未熟だ。

Questa prunella è ancora immatura, secondo me. Aspettiamo a berla?

この梅酒はまだ熟成していないと思う。飲むのは待ちましょうか？

acerbo 形 熟していない・辛辣な

・（果実、人格、ワインなどが）まだ熟していない、酸っぱい

▶ラテン語の acerbus からきており、イタリア語の acre（刺激味のある、酸味のある）と語源が同じです。

Quest'uva è acerba [immatura], è ancora acre.

このブドウは熟してない、まだ酸っぱい。

・（態度などが）手厳しい、（非難や判断が）辛辣な

Il capo ha criticato il suo lavoro con parole acerbe e lui si è offeso.

上司が彼の仕事を辛辣な言葉で批判したので彼は傷ついた。

○ invecchiato 形 （年を取った）

動詞 invecchiare（年を取る）の過去分詞が形容詞になったものです。

● 年を取った、（年齢と関係なく）若さを失った

5. Ho capito di essere invecchiata davanti alla torta del mio compleanno: poche candeline, ma grosse.

   誕生日のケーキを目の前にしたとき、私は歳を取ったんだと実感した。数は少ないけれど、大きなロウソク…。

6. Secondo una recente statistica l'Italia sarebbe una società invecchiata: circa 161,4 over 65 ogni 100 giovani.

   最近の統計によると、イタリアは高齢化社会であるらしい。若者 100 人に対して、65 歳以上は 161.4 人である。

● （アルコールが）熟成した

7. Abbiamo brindato al nuovo anno con uno spumante invecchiato 15 anni.

   私たちは、新年を祝って、15 年物のスパークリングワインで乾杯しました。

8. Ho spruzzato sull'insalata un po' di balsamico invecchiato.

サラダに熟成したバルサミコを少々振りかけた。

● **年代物の、ビンテージの**

9. Quella casa di moda è famosa per i jeans effetto invecchiato.

あのブランドは、ビンテージ効果を施したジーンズで有名だ。

10. Quei mobili invecchiati artificialmente sembrano autentici.

あの年代物風の加工をした家具は、本物っぽく見える。

○ **stagionato** 形（よく熟成させた、寝かせた）

11. Si tratta di un vino stagionato secondo metodi tradizionali.

伝統的な方法に従って熟成させたワインです。

12. Il tonno stagionato o katsuobushi si usa per la preparazione del brodo nella cucina giapponese.

熟成したカツオ、つまり鰹節は、日本料理の出汁を作るのに使われます。

13. Per il pavimento della nostra villetta abbiamo utilizzato legno stagionato.

私たちの別荘の床には、乾燥させた木材を使いました。

primo, unico, grande, povero,
vecchio, semplice, nuovo,
diverso, numeroso, certo

置き場所が大事！
位置で意味が変わる形容詞

　名詞の前につくか後につくかで意味や使い方の変わる形容詞が
あります。よく使われる形容詞が多い割に意外と知らない意味もあ
るので、要チェックです！

○ primo

名詞の前：**最初の**
名詞の後：**前の**

☞ 名詞の後に来る場合、常に prima の形になり、名詞に性数一致
しません。

1. La prima sera delle vacanze siamo andati a vedere i fuochi
   di artificio.
   バカンスの1日目の夜、私たちは花火を見に行きました。

2. La sera prima, invece, ero ancora in ufficio, a lavorare.
   一方、昨日の夜は、私はまだオフィスにいて、働いていました。

3. I primi giorni nella nuova ditta sono stati molto faticosi.

新しい会社での最初の数日は、たいへん骨が折れるものだった。

4. I giorni prima di Capodanno ha piovuto in continuazione.

元日の前の何日かは、ずっと雨が降った。

unico

名詞の前：1つしかない、単一の
名詞の後：異例の、類を見ない

5. Questo è l'unico quadro rimasto di quell'artista.

これは、あの芸術家のたった1枚残った絵です。

6. Questa è un'opera unica: non ne esistono di simili al mondo.

これは類を見ない作品です。世界に同じようなものは存在しません。

grande

名詞の前：偉大な　（名詞が子音で始まるときは gran、名詞が
　　　　　母音で始まるときは grand' または grande になる。）
名詞の後：体格が大きい

　特に動物や人につく場合に、前につくか後につくかの違いが表れます。

7. Lei è una gran donna: ha fatto molto per i poveri.

彼女は偉大な女性だ。貧しい人々のために多くのことをした。

8. Gandhi era un grand'uomo. Ha lasciato un'impronta notevole.

ガンジーは偉大な男だった。偉業を残した。

9. A Martina piacciono gli uomini grandi e sportivi.

マルティナは大きくてスポーティーな男性が好きだ。

povero

名詞の前：**かわいそうな**
名詞の後：**貧しい**

10. È una povera famiglia: i bambini sono rimasti senza padre ed adesso la madre è malata!

かわいそうな家族だ。こどもたちには父がいないが、今度は母が病気になった。

11. Sono persone povere con pochi soldi ma tanto calore umano.

貧乏でお金は無いけど、人情はたっぷりの人たちです。

vecchio

名詞の前：**古い、古くからの（人について言う場合）**
名詞の後：**年を取った、年長の**

12. Lui è un vecchio amico di mio padre: si conoscono dalle scuole elementari.

彼は父の古くからの友人だ。小学校の頃からお互いを知っている。

13. Martina ha anche amici vecchi con i quali va molto d'accordo.

マルティナは高齢の友達もいて、とても気が合う。

▶この場合、anziani を使うこともできますが、会話では vecchi が よく使われます。

semplice

名詞の前：ただの、単なる、純然たる
名詞の後：簡単な、単純な

14. Ti ho fatto una semplice domanda. Perché ti turbi?

ただの質問をしただけよ。なんであわててるの？

DOVE SEI STATO?

15. Era una domanda semplice ed ho risposto senza esitare.

簡単な質問だったので、ためらわずに答えました。

※ semplice については形容詞・副詞・接続詞 2 参照☞ p.207

nuovo

名詞の前：別の
名詞の後：新品の、新しい

16. Come?! Paola! Hai comprato una nuova bicicletta usata?

え？パオラ、また別の中古自転車を買ったの？

17. La bici elettrica nuova è pratica e silenziosa.

新しい電動自転車は実用的で静かだ。

diverso

名詞の前：**多くの、いくつもの**
名詞の後：**異なる**

18. Luca scarica diversi giochi.

 ルカはいくつもゲームをダウンロードする。

19. Luca scarica giochi diversi.

 ルカはいろいろな種類のゲームをダウンロードする。

numeroso

名詞の前：**数多くの**
名詞の後：**多くのメンバーで構成される**

20. Numerose famiglie di quel palazzo si sono opposte alla costruzione di una fabbrica di prodotti chimici lì vicino.

 あの建物の多くの世帯が、近くに化学製品の工場が建設されることに反対した。

21. Molti anni fa erano comuni le famiglie numerose.

 何年も前は、大人数の家族が一般的だった。

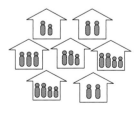

numerose famiglie

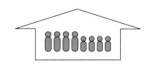

famiglia numerosa

certo

名詞の前：いくつかの、ある種の
名詞の後：確かな、ほんとうの

22. A volte bisogna stare attenti a certe notizie allarmistiche.

時には、不安をあおるようなある種のニュースに注意する必要がある。

23. Non è ancora una notizia certa ma sembra che quel famoso uomo politico visiterà per la prima volta il nostro paese.

まだ確実なニュースではないが、あの有名な政治家が初めて我が国を訪問するらしい。

※ certo については形容詞・副詞・接続詞 8 参照☞ p.242

第 3 章

名詞
nomi

risultato/conseguenza （結果）

結果に至る道はひとつじゃない！

〔関連語 risultare/ conseguire, effetto〕

　risultato は一連の出来事から生じた結果を意味します。conseguenza はあることから導き出されたこと、派生して起こることを表します。

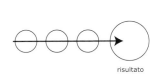

一連の活動の最後に得ることが
想定されているもの

出来事から派生するもの

risultato (m) （結果）

● 結果

一連の行為の最後に得られるものを指します。

1. I risultati di un'inchiesta hanno dimostrato che molti tedeschi preferiscono ancora pagare in contanti.

アンケートの結果、多くのドイツ人はいまだに現金での支払いを好むことが示された。

2. Questa primavera ho piantato dei bulbi di tulipano nei vasi sulla terrazza. Risultato: solo tanti bruchi.

今年の春、チューリップの球根をテラスの鉢に植えた。結果は…虫がたくさんになっただけ。

● テストや試合、計算などで最後に数字で表された結果

3. Con la sostituzione fatta dall'allenatore, il nuovo entrato rovesciò il risultato.

監督による交替で新しく入った選手は、試合をひっくり返した。

4. I risultati del concorso saranno notificati entro la fine del mese.

選考の結果は月末までに通知いたします。

5. Riceverò i risultati degli esami del sangue la prossima settimana.

来週、血液検査の結果を受け取ります。

6. Guarda che il risultato di questa somma è sbagliato. Ricontrolla!

この合計の数値は間違ってますよ。検算してください！

risultare 動 〜の結果になる

Il conto presentato al termine dei lavori risulta ancora insoluto.

仕事の終わりに提出された請求書はまだ未決済だ。

Se guardato da questa angolatura il paesaggio risulta molto fotogenico.

この角度から見ると、景色はとても写真映えする。

○ conseguenza(f) (結果・派生したもの)

　語源は con + seguito (seguire) で「引き続き起こること」という意味です。

　ある前提から導き出されることや、ある出来事から派生して起こったことを指します。また、conseguenze と複数形で使われた場合、悪い結果を暗に示すことがあります。

　また、risultato は目的とするものがあるのに対し、conseguenza はそうではありません。risultato と聞くと話が終わる感じですが、conseguenza はまだ先が続く感じがします。

● 結果、派生したもの、影響

7. L'occidentalizzazione è forse una conseguenza della globalizzazione.

西洋化は、おそらくグローバル化の余波である。

8. Adesso hai mal di testa, vero, Martina? Normale, è una conseguenza della sbornia di ieri sera.

マルティナ、今、頭が痛いんでしょ？　当たり前よ、昨日の夜はひどく酔っ払っていたから。

● di conseguenza　したがって　=perciò, quindi

※形容詞・副詞・接続詞 11 ☞ pag.264

9. Faceva bel tempo e di conseguenza ha deciso di staccare un po' dal lavoro per fare una passeggiata.

天気がよかった。だからちょっと仕事を離れて近くの公園を散歩することにした。

10. Luca è maggiorenne, di conseguenza può votare, guidare e....bere.

ルカは成人である。したがって、投票できるし、運転もできるし、…飲酒も出来る。

11. In Emilia, il terreno è argilloso e di conseguenza l'acqua ha una durezza elevata.

エミーリア地方では土地が粘土質のため、水は硬度が高い。

● 複数形でそのまま使うと否定的な意味を持つ。

12. È bene pensare anche alle conseguenze prima di agire.

行動する前にその結果についても考えるのがよい。

13. Anni fa ho avuto un brutto incidente, ma, per fortuna, non ne ho avuto conseguenze.

数年前ひどい事故に遭ったが、幸い後遺症はなかった。

risultato と conseguenza

以下の例文で risultato と conseguenza のニュアンスの違いを
確認しましょう。

Quella pattinatrice ha ottenuto ottimi risultati alle gare
regionali, di conseguenza può partecipare a quelle
nazionali.

あのスケート選手は地区大会でとてもよい結果を得たので、全国大会に参加できる。

Il buon risultato delle ricerche è una conseguenza del
lavoro di tutto il gruppo.

研究の成果は、グループ全体の仕事の結果である。

関連語

conseguire 動 結果として〜を得る、〜を獲得する

Per diventare pianista bisogna frequentare per diversi anni il
Conservatorio e conseguire il diploma.

ピアニストになるには、何年も音楽学校に通い、卒業証書を得る必要がある。

Paola ha conseguito il terzo premio al concorso di ballo
latino-americano della sua città.

パオラは、町のラテンアメリカダンスコンクールで3位を取った。

effetto 名 (m) 結果 効果

・結果

原因に対する結果という意味の「結果」です。 =conseguenza

Causa ed effetto sono sempre collegati fra loro.

原因と結果は常に結びついている。

L'aumento dei prezzi ha avuto per effetto la temporanea contrazione delle vendite.

値上がりが、売り上げの一時的な減少につながった。

・avere effetto 効果がある

Questo antidolorifico ha subito effetto.

この鎮痛剤はすぐに効く。

modo/mezzo/metodo（方法）

「方法」なら迷うほどある

〔関連語 modulo/ metodico〕

　一般的に「方法」という意味では modo を使いますが、日本語の「方法」よりさらに広い意味を持ち、さまざまな慣用句で使われます。

　mezzo の基本の意味は「中間、間にあるもの」ですが、そこから媒体、手段という意味も表すようになりました。

　metodo は目的を達成するための手順を表します。それぞれのニュアンスを確認して使い分けましょう。

○ modo (m)（物事のやり方、方法）

● 方法

1. Il modo più veloce per imparare l'italiano è andare a vivere in Italia.

   イタリア語を学ぶために一番速い方法は、イタリアに行って暮らすことだ。

2. Secondo Luca il modo migliore per padroneggiare il computer è usarlo regolarmente.

   ルカによれば、コンピューターをマスターするのに一番よい方法は、定期的に使うことだ。

● **modo di + 不定詞**　物事を行う様子、やり方

3. Non riesco a capire il suo modo di
agire così egoistico!

これほど自己中に振る舞う彼のやり方は理解できない！

modo di fare di Franco

4. Franco, se non cambi il tuo modo
di spendere i soldi, potresti avere
problemi.

フランコ、もしあなたがお金の使い方を変えないなら、そのうち問題を起こすかもよ。

● **in modo + 形容詞**　〜の様子で

副詞句を作ります。

5. Il mio insegnante risponde sempre in modo gentile ed
esauriente alle mie domande.

私の先生は、いつも優しく徹底的に質問に答えてくれる。

6. Luca ha risposto in modo ironico alle domande insistenti di
Franco.

ルカは、フランコのしつこい質問に、皮肉な様子で返事をした。

● **〜するように**

in modo che + 接続法（主節と主語が違う場合）

in modo da + 不定詞（主節と主語が同じ場合）

7. Scrissi l'articolo in un baleno, in modo da poterlo
consegnare il giorno dopo.

翌日に渡せるように、私は電光石火で原稿を書いた。

8. Cerca di andare via in modo che nessuno ci faccia caso.

だれにも気付かれないように出て行くようにしてね。

● a modo + 所有形容詞　〜風に、〜のやり方で

9. Lasciami fare a modo mio, qualche volta!

時々は、私のやりたいようにさせて！

10. Franco, a modo suo, continua ad amare tutte le sue ex ragazze.

フランコは、彼なりに昔の彼女達を愛しつづけている。

● in che modo どんな風に

疑問文で、come と同じ意味で使います。

11. In che modo ci accordiamo per la gita di domani? Prendiamo una o due macchine?

明日のドライブはどんな風にしようか？１台にする？それとも２台の車に乗る？

12. In che modo è possibile superare l'eccessiva timidezza?

極度の内気はどうやったら乗り越えられるだろうか？

● a ogni modo　　いずれにせよ、ともかく　=comunque

13. Anche se non avevo studiato approfonditamente, ho tentato a ogni modo l'esame.

全力で勉強したわけではないけど、いずれにせよ、試験を受けてみた。

14. Una vacanza, anche se breve, fa a ogni modo bene allo spirito.

休暇は、たとえ短くても、ともかく心の洗濯になる。

● con/in tutti i modi 何が何でも

15. Abbiamo cercato di convincerlo ad accettare quel lavoro con tutti i modi, ma lui l'ha rifiutato.

この仕事を受けるように、なにがなんでも彼を説得しようと頑張ったが、断られた。

16. Si deve in tutti i modi evitare che le persone diversamente abili siano escluse dal mercato del lavoro.

労働市場から障がいのあるひとびとが排除されるなんてことは、なんとしても避けなくては。

※ handicap という言葉はネガティブな意味になるので diversamente abile という言葉を使うようになりました。文字通りには、「異なる風に能力がある」という意味で、みんなそれぞれ違う形で何かができる、ということを表しています。

関連語

modulo 名 (m) 書式、用紙

Per l'iscrizione al corso si deve compilare questo modulo.

コースに申込みをするには、この用紙に記入しなければならない。

◦ **mezzo (m)**（真ん中・媒体・手段）

　mezzo は二つのものの間にある空間や物を指す名詞で、二つの点の橋渡しをする役目を持つものです。そこから媒体、手段という意味も表すようになりました。

● **中間、真ん中　in mezzo a**　中間に、真ん中に

17. In mezzo al bosco ci sono tanti laghetti e cascate.

　森の中に、たくさんの湖と滝がある。

18. In mezzo alla stanza c'è un tavolo rotondo.

　部屋の真ん中に丸いテーブルがある。

● **媒体**

19. La televisione è forse il mezzo più diffuso tra gli anziani per avere informazioni.

　テレビは、情報を得るために高齢者の間でもっとも普及した媒体であろう。

20. I supporti per la trasmissione di messaggi alla gente quindi televisione, cinema, radio, giornali, libri e Internet sono chiamati mezzi di comunicazione di massa o mass media.

　人々にメッセージを送ることを支えるもの、つまりテレビ、映画、ラジオ、新聞、本、インターネットをマスメディア（マスコミ）と呼ぶ。

● per/a mezzo   手段

21. Eravamo in navigazione da diverse ore quando abbiamo ricevuto l'avviso di mare in burrasca a mezzo radio della Guardia Costiera.

何時間も航海していたとき、沿岸警備隊の無線を通じて海が荒れる警告を受けた。

22. Ho ricevuto la notizia del matrimonio di Antonio per mezzo di un nostro amico comune.

共通の友人を通して、アントニオが結婚したことを知った。

● 方法   =modo

23. Il mezzo naturale più efficace per dormire? Una buona tazza di camomilla calda addolcita con il miele.

眠るのに最も効果的で自然な方法？　ハチミツで甘くした温かい１杯のおいしいカモミールティーです。

24. Negli Stati Uniti la carta di credito è forse il mezzo di pagamento più popolare.

アメリカでは、クレジットカードがおそらくもっともポピュラーな支払い方法だ。

● mezzi di trasporto   輸送機関

25. I mezzi di trasporto a Tokyo sono molto efficienti.

東京の交通機関はとても効率的だ。

26. Il mezzo di trasporto che preferisco è il treno: è comodo e non incontra traffico.

好きな交通機関は電車です。便利で渋滞にもあいません。

27. Il mezzo più economico per viaggiare in città è certamente la bicicletta.

町中を走るのにもっとも経済的な輸送機関は、きっと自転車だ。

Tra il dire e il fare c'è di mezzo il mare.

言うこととすることの間には海がある→言うは易く、行うは難(かた)し。

I politici prima delle elezioni promettono tante cose e dopo?
Mio padre dice sempre al proposito: "tra il dire ed il fare c'è
di mezzo il mare".

政治家は選挙の前はたくさんのことを約束するが、その後は？この問題について、父はいつも言う。「言うは易く行うは難し、だ」

▶言葉だけなら勇敢だけれど、実際に行うのは難しいという意味
です。たとえば、よくしゃべるけれども約束を守らない人々に使
われます。

○ metodo (m) (方法、手順)

ある目的を達成するために用意された、秩序や
計画のある手順を表します。同じ「方法」という
意味をもつ modo や mezzo と比べると、従うべき
正確な規則があります。

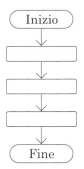

28. Per la cerimonia del tè ci sono diverse
scuole che hanno metodi diversi.

茶道には、作法の異なるいくつかの流派がある。

29. Una ricerca accademica deve essere fatta con metodo
rigido.

学術的研究は厳格な手順で行われなければならない。

30. Secondo il metodo Montessori, gli interruttori della luce devono essere posti ad un'altezza raggiungibile dai bambini per permettergli di essere più autonomi possibile.

モンテッソーリメソッドによると、電灯のスイッチはこどもの手が届く高さに設置するべきだ。できるだけ自立した子になれるように。

※モンテッソーリメソッド：モンテッソーリが提唱したこどもの教育方法のひとつ

31. Il nuovo metodo di insegnamento in quella scuola sta avendo degli ottimi risultati.

あの学校の新しい教授方法はたいへんよい結果を出している。

32. Il referendum è il metodo ufficiale e diretto di consultazione popolare.

国民投票は、人民の意見を公式に直接聞く手続きである。

33. Seguire un metodo nel fare le pulizie è il modo migliore per pulire.

掃除をするときは、手順に従うことが、綺麗にする一番の方法です。

関連語

metodico 形 規則正しい、几帳面な

Martina è metodica, precisa e scrupolosa sul lavoro.

マルティナは仕事をするとき、几帳面で正確で綿密だ。

attività/esercizio（行動）

やることたくさんの毎日を
表現したい！

〔関連語 attivo, in attivo/ esercitazione〕

　attività は「活動」という訳がぴったりの語ですが、とくに仕事での活動の意味でよく使われます。esercizio は「なんらかの目的のために体を動かすこと」というのが元の意味で、そこから「身体的・知的な訓練」や「目的をもった行為＝営業など」の意味に使われるようになりました。

attività

esercizio

attività (f) （活動・職業）

活動していること、活発さ

1. Martina è sempre in attività.

   マルティナはいつも活動的だ。

2. In agosto, in Italia, alcune fabbriche riducono l'attività.

   8月、イタリアでは操業を減らす工場もある。

職業、仕事、ビジネス

3. Alcune attività artigianali, purtroppo, stanno scomparendo.

   いくつかの職人仕事は、残念ながら姿を消しつつある。

4. L'attività turistica è una delle più importanti in Italia.

   観光業はイタリアの重要な業種のひとつだ。

目的を持った一連の働き、活動

5. Luca preferisce l'attività intellettuale a quella fisica.

   ルカは肉体的な活動よりも精神的な活動の方を好む。

6. Paola svolge tante attività anche sociali come l'assistenza agli anziani e agli immigrati.

   パオラは、高齢者や移民の援助など、社会的にも多くの活動を行っている。

● 自然現象などの作用・活動

7. L'attività erosiva delle acque che scorrono nel sottosuolo ha creato delle grotte molto suggestive.

   地下を流れる水の浸食作用が、風光明媚な洞窟をつくり上げた。

8. Sembra che ci siano relazioni tra attività vulcanica e fenomeni sismici.

   火山活動と地震現象とは関連があるようだ。

関連語

attivo 形 活動的な　活動中の

Uno stile di vita attivo aiuta a mantenersi giovani.

活動的な生き方は、若々しく保つのを助ける。

L'Etna è un vulcano attivo.

エトナ山は活火山である。

in attivo　黒字の

Per fortuna quest'anno il bilancio della nostra ditta ha chiuso in attivo.

さいわい、わが社の今年の収支は黒字だった。

○ esercizio (m) （訓練・営業）

● 身体的・知的な訓練、練習

9. Per allenare la memoria sono utili anche gli esercizi enigmistici.

   記憶力を鍛えるためには、謎解きの訓練も有効だ。

10. Per arricchire il proprio vocabolario è importante fare esercizio di lettura ed ascolto.

自身のボキャブラリーを豊かにするには、読んだり聴いたりする訓練を行うことが大事である。

11. Nello yoga, gli esercizi di respirazione fatti correttamente sono molto importanti.

ヨガでは、正しく行われる呼吸の訓練が非常に重要である。

● 営業、仕事を行うこと

12. L'esame di abilitazione statale per l'esercizio della professione di avvocato è difficilissimo.

弁護士を開業するための国家資格試験は非常に難しい。

13. A causa della presenza di tanti supermercati, l'esercizio dell'attività commerciale in questo quartiere è diventato molto difficile.

多くのスーパーマーケットが存在するせいで、この界隈で商業を営むのは非常に難しくなった。

● 試合の競技、専門種目

14. Tra i quattro esercizi della gara di attrezzistica maschile, cioè, anelli, cavallo, parallele e sbarre, preferisco le sbarre.

男子器械体操の試合の4競技、すなわち吊り輪、あん馬、平行棒および鉄棒の中で、私は鉄棒が好きだ。

15. Nel pattinaggio artistico individuale con programma corto i salti e le trottole sono esercizi obbligatori.

個人フィギュアスケートのショートプログラムで、ジャンプとスピンは必須要素である。

attività と esercizio の違い

Il dottore gli ha consigliato per la salute, visto che fa una vita sedentaria, di fare attività fisica.

医者は彼に、座りがちの生活を送っているから、健康のため体を動かすようにと忠告した。

▶この場合、attività fisica は「体を動かすこと全般」、歩いたり、家事をしたり散歩したり、運動したり、などを指します。

Il dottore ha consigliato alla paziente di fare esercizio fisico per migliorare la muscolatura delle gambe.

医者は患者に、脚の筋肉を回復するための運動を行うように忠告した。

▶ esercizio fisico は、attività fisica「体を動かすこと」のなかでも、特に「運動、エクササイズ」を指します。

essere fuori esercizio　　練習が足りない

Martina ha giocato a tennis con Paola domenica scorsa; si è accorta di essere fuori esercizio, perciò ha deciso di allenarsi di più.

マルティナは先週の日曜日にパオラとテニスをした。練習不足であることに気づいたので、もっとトレーニングすることに決めた。

関連語

esercitazione 名 (f) 練習、演習

esercizio のなかでも、とくに何かを実践するための訓練。

Per diventare un buon pianista devi fare tante esercitazioni al piano.

君がよいピアニストになるには、ピアノをたくさん練習する必要がある。

calo/ribasso/crollo（落下）

山あり谷ありに必要な言葉たち

〔関連語 calata〕

calo の基本的な意味は高いところから低いことへ落ちることです。ribasso は価格や価値の下落を表します。crollo は大きく崩れること、崩壊を意味します。

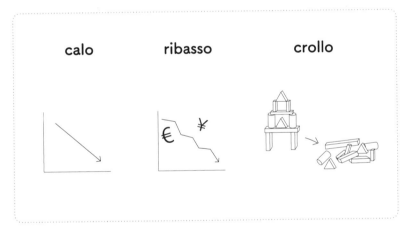

calo　　　　　ribasso　　　　　crollo

○ calo (m)（低下・減少）

● 低下、減少

1. A causa di alcuni atti terroristici, in questa città si è avuto un calo di turisti.

   いくつかのテロ行為のせいで、この町では観光客が減少した。

2. Durante le vacanze estive, nelle fabbriche di solito c'è un calo di produzione.

夏休みの間、工場では通常、生産が減少する。

3. Quando incomincia a fare caldo gli studenti hanno un calo di attenzione in classe.

暑くなり始めると、学生達は授業での注意力が低下する。

● 衰えること、衰弱

4. Dopo la caduta il nonno ha avuto un notevole calo fisico.

祖父は転んで以来、著しく体が衰えた。

5. Con gli anni è normale avere un calo della vista.

歳とともに視力が衰えるのは当たり前のことだ。

● （価格などの）下落

6. Il calo dello yen sembra che abbia incentivato le esportazioni.

円の下落は輸出を促進したようにみえる。

関連語

calata 名 (f) 下がること、降りること

Alla calata del sipario il pubblico si alzò in piedi per applaudire.

幕が下りると、観客は立ち上がり拍手をした。

Hai mai assistito alla calata delle reti per la mattanza?

マグロの追い込み漁の網を降ろすのを目撃したことある？

ribasso(m) (下落)

● （価格などが）下がること、下落

7. Grazie al ribasso del prezzo del carburante anche le tariffe aeree sono diminuite.

   燃料価格が下がったおかげで、航空運賃も下がった。

8. Sono previsti dei ribassi per le bollette della luce e gas.

   電気代とガス代の値下げが予測されている。

● 割引、値引き

9. I ribassi nei periodi dei saldi possono anche raggiungere l'80% dei prezzi segnati.

   セール期間の値引きは、定価の 80%にも達する可能性がある。

慣用句&ことわざ

essere in ribasso　　下がっている・人気をなくしている

Le azioni della società XXX sono in ribasso.

○○会社の株は下落している。

La popolarità di quell'attore è in ribasso perché, recentemente, è stato accusato di evasione fiscale.

あの俳優は人気が落ちている。最近、脱税で訴えられたからだ。

○ crollo (m) （崩壊・暴落）

● 崩壊、倒壊、崩れ落ちること

10. Il crollo di quel ponte ha suscitato tante polemiche ed inquietudini.

あの橋が崩れ落ちたことは、多くの論争と不安を生んだ。

11. Il crollo del muro di Berlino è stato un grande avvenimento storico.

ベルリンの壁の崩壊は大きな歴史的出来事だった。

● 心身ががっくりくること、衰え

12. Suo marito ebbe un crollo emotivo dopo la perdita del lavoro.

彼女の夫は失業のあと、気持ちががっくりと落ち込んだ。

● 政府や帝国の瓦解、没落

13. Il colpo di stato in quel paese ha causato il crollo del regime attuale.

あの国でのクーデターは、現体制の瓦解を引き起こした。

14. Il crollo definitivo dell'Impero romano d'Occidente si ebbe intorno al quinto secolo.

西ローマ帝国の決定的な没落は、5 世紀頃に起こった。

● 暴落

15. Molti sono preoccupati per il crollo improvviso delle quotazioni in borsa.

株式市場の突然の暴落を、多くの人が心配している。

crollo と calo [ribasso]

暴落の場合は crollo、単に価格が下がった場合は calo または ribasso を使います。

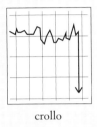
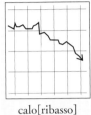

crollo   calo[ribasso]

A causa dello scandalo, si è avuto un crollo del valore delle azioni XXX.

スキャンダルのせいで、○○社の株価が暴落した。

A causa della cattiva gestione si è avuto un calo [ribasso] del valore delle azioni XXX.

経営不振のせいで、○○社の株価が下落した。

istruzione/educazione/
formazione（教育）

同じ「教育」でも中身が違う

〔関連語 istruito/ educato, maleducato/ formato〕

　日本語だと同じ「教育」という訳になってしまいがちですが、istruzione は学校での知識などの教育、educazione は人格的なしつけも含めた教育を指すので使い分けましょう。formazione は職業的な訓練などの意味でもよく使われます。

istruzione

educazione

formazione

○ istruzione (f) （教育・指導）

● 教育、知育

　政府によって定められた教え方に従って、体系的に知識や技術を獲得すること、つまり学校で教えるような教育です。

1. L'istruzione in Italia è obbligatoria per dieci anni, dai sei ai 16 anni di età.

   イタリアの教育は、6歳から16歳までの10年間が義務教育である。

2. Il Ministero della pubblica Istruzione (ora detto MIUR: Ministero dell'Istruzione, dell'Università e della Ricerca) decide le tracce dei temi degli Esami di Maturità.

   教育省（正式名称は教育大学研究省 MIUR）が高校卒業認定試験の作文の課題を決める。

☞ Ministero della pubblica Educazione とは言いません。

3. L'istruzione è un diritto di tutti.

   教育はすべてのひとの権利である。

● 指導、指示

☞複数形でよく使われます。

4. Gli insegnanti hanno avuto istruzioni dal preside di lavorare la prossima domenica.

   教師たちは、次の日曜日に働くよう校長から指示を受けました。

5. Aspettiamo ancora istruzioni dal sindaco riguardanti il luogo dell'evento.

   イベントの場所に関する市長からの指示を、我々はまだ待っています。

● マニュアル、説明書

6. Ho comprato una macchina fotografica digitale con il libretto di istruzioni anche in inglese.

英語の説明書も付いているデジタルカメラを買いました。

7. È meglio leggere attentamente le istruzioni di un prodotto prima di usarlo.

製品を使う前に、マニュアルを注意して読む方がいい。

> **関連語**

istruito 形 学のある

Quel signore non è solo istruito, ma anche educato e socievole.

あの男性は学があるだけではなく、礼儀正しくて社交的でもある。

○ educazione (f) (教育・しつけ)

educazione という言葉は、ラテン語 e-dùcere から派生したもので、文字通りの意味は "trarre fuori"、つまりよい大人になるようにこどものよい特性を「引き出す」ということです。

● (倫理や文化的価値の伝承としての) 教育、育成

8. Con l'educazione spartana i bambini venivano sottratti ai genitori dallo Stato e sottoposti ad una disciplina molto dura.

スパルタの教育では、こどもたちは国によって親から引き離され、たいへん厳格な規律の元におかれた。

9. Sembra che chi riceva un'educazione troppo permissiva rischi di diventare un adulto viziato.

自由放任すぎる教育を受けた者は、甘やかされたおとなになる危険があるらしい。

● 行儀、しつけ

10. Una delle regole della buona educazione è la puntualità. Hai capito?

良いマナーの1つは、時間を守ることだよ。わかった？

11. È cattiva educazione mangiare e bere nei mezzi pubblici.

公共交通機関の中で飲み食いすることは行儀が悪いことである。

関連語

educato 形 しつけされた、礼儀正しい

Lui non è bello, ma molto educato e simpatico.

彼はイケメンではないけれど、とても礼儀正しくて感じがいいの。

Pepe è un cane molto educato: non si agita quando Luca gli fa il bagnetto.

ペペはたいへんしつけのいい犬だ。ルカが水浴びをさせても、騒ぎたてない。

maleducato 形 名 しつけの悪い（人）、行儀の悪い（人）

Il mio vicino di casa è proprio maleducato: non saluta mai!

うちのお隣さんはまったく行儀がなっていない。けっして挨拶しないんだ！

Sull'autostrada un'automobilista ha fatto un gesto maleducato ad un altro automobilista che non andava veloce.

高速道路で、ドライバーが、遅く走って
いた別のドライバーに行儀の悪いジェス
チャーをした。

formazione (f)（育成・形成）

● （倫理や文化的価値の伝承としての）教育、育成

☞この意味では educazione の替わりに使えます。

12. La formazione di un bambino comincia in famiglia.

こどもの教育は家庭で始まる。

13. La formazione dei samurai fin da bambini era molto severa.

武士の教育は、こどもの時から非常に厳しかった。

● 養成、職業訓練

☞この意味では educazione は使いません。

14. Vorrei seguire un corso di formazione per diventare insegnante di lingua italiana agli stranieri.

外国人にイタリア語を教える教師になるための養成コースを受けたい。

15. Paola sta facendo un corso di formazione per l'assistenza ai diversamente abili.

パオラは障がい者補助のための訓練コースを受けている。

● 形成、創成、生成

16. Adesso lei si sta occupando di una ricerca sulla formazione delle nuvole.

今、彼女は雲の生成について研究している。

17. La formazione di punti di incontro in un quartiere è molto importante per stimolare la socializzazione fra gli abitanti.

地区に出会いの場所を作ることは、住民同士のつきあいを後押しするためにとても重要だ。

18. L'allenatore non ha ancora deciso la formazione della squadra.

監督はまだチームのフォーメーションを決めていない。

関連語

formato 名 (m) 本などの判、フォーマット

I libri pubblicati in Italia hanno un formato molto vario.

イタリアで出版される本は非常に様々な判型がある。

posto/luogo/spazio（場所・空間）

同じ「場所」でも使い分けが知りたい単語

〔関連語 locale/ spaziale, spazioso〕

　posto は物の位置を表し、場所を表します。とくに、座席などの「占められるべき場所」を指します。luogo は地理上の場所、spazio は他の物に占められていない空間を指します。

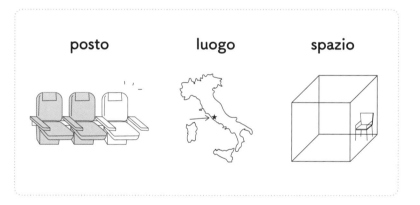

posto　　　luogo　　　spazio

posto (m)（場所・席）

基本的に、物の位置、置かれる場所、などを表します。

● 物を置くべき場所、空間

1. Non c'è posto in questa stanza per il letto.

   この部屋にはベッドを置く場所がない。

2. Paola per tutti i suoi vestiti non ha più posto nell'armadio.

パオラは、もはや洋服ダンスの中に、持っている服すべてをしまう場所がない。

3. Qui c'è anche posto per i bagagli.

ここに荷物を置く場所もあるよ。

● 地位

4. Per diversi mesi quel libro è al primo posto nella classifica dei best seller.

あの本は何ヶ月もベストセラーランキングのトップの地位にある。

5. Franco ha adesso un posto di responsabilità nella ditta in cui lavora.

フランコは今、働いている会社で責任ある地位にいる。

● 席、座席、座る場所

6. Scusi, è libero questo posto?

すみません、この席は空いていますか？

7. Purtroppo non ci sono più posti per lo spettacolo di stasera.

残念ですが、今夜のショーにはもう席がありません。

● 職、仕事のポスト

8. Ha vinto il concorso per un posto di segretario al Comune.

彼（女）は役場の事務職の採用試験に受かった。

9. Sono diminuiti i posti di lavoro fisso ed aumentati quelli di lavoro temporaneo.

正社員のポストが減って、臨時社員のポストが増えた。

● 土地、（地理上の）場所

10. Per le vacanze preferisco posti con pochi turisti.

バカンスには、観光客が少ない場所がいいな。

11. Allora, ci vediamo domani al solito posto?

じゃあ、明日はいつもの場所で会いましょうか？

慣用句&ことわざ

a posto　　まともな、落ち着いた、片付いた

In fondo Franco è un giovane a posto anche se un po'
donnaiolo.

実はフランコはまともな若者だ。少々女好きではあるものの。

Prima di uscire la mattina metto sempre la casa a posto.

朝出かける前は、いつも家を片付けていきます。

al posto di 人

（人）の代わりに , 〜の立場だったら（仮定）

Al posto tuo mi cercherei un altro lavoro.

私があなただったら、他の仕事を探すだろうね。

Martina è andata alla conferenza al posto del suo capo.

マルティナは上司の代理として会議へ行った。

posto da lupi

オオカミのための場所→荒涼とした場所、だれも居ない場所

Martina preferisce i posti da lupi molto selvaggi e scomodi.

マルティナは、人里離れて不便な「オオカミのための場所」の方が好きだ。

luogo (m) (土地・場所)

● 土地、地理上の（場所）

☞ この意味では posto と言い換えられます。

12. Non ricordo il luogo esatto dell'appuntamento. Gli telefoniamo?

約束の正確な場所を覚えていないの。彼に電話してみる？

13. Il luogo dell'omicidio è proprio a due passi da casa mia.

殺人事件の場所は、我が家からほんのすぐ近くです。

14. Viaggiare per conoscere luoghi nuovi e culture diverse è molto stimolante.

新しい土地や様々な文化を知るために旅をすることは、とても刺激的だ。

15. Signora, compili questo modulo scrivendo qui anche il luogo e la data di nascita.

奥さん、この用紙に記入してください。生まれた場所と生年月日も書いてください。

☞ この場合は posto di nascita とは言いません。

慣用句&ことわざ

avere luogo 起こる、行われる

La premiazione avrà luogo nella sala delle conferenze dell'albergo XXX.

授賞式は○○ホテルの会議ホールで行われる予定です。

in primo luogo.......in secondo luogo........in terzo luogo ecc.　まず始めに、次に、3番目に…

Non posso tenere un gatto. In primo luogo perché mia figlia è allergica ed in secondo luogo perché è vietato nel nostro condominio.

猫は飼えません。まず、娘がアレルギーだから。次に、うちのマンションでは禁止されているから。

luoghi comuni　ステレオタイプ　ありがちなイメージ

Gli italiani sono allegri, amano cantare e la buona cucina. Questi forse sono solo dei luoghi comuni: alcuni sono poco allegri, stonati e mangiano cibo spazzatura!

「イタリア人は陽気で、歌うことやおいしい料理が好きだ。」これはたぶんただのありがちなイメージでしょう。ほとんど陽気でないひともいれば、音痴なひとも、ジャンクフードを食べているひともいます！

関連語

locale 名 形

・名 (m) ひとの集まる場所（店）

Ci sono tanti locali per i giovani a Shibuya.

渋谷には、若者が集まる店がたくさんある。

・形 地方の、地域の

Quando viaggio mi piace visitare i mercatini locali e chiacchierare con la gente del posto.

旅行するとき、地方の市場を訪れてその土地の人々とおしゃべりするのが私は好きだ。

spazio (m) (空間・宇宙)

● 空いている場所、空間　=posto

16. Nel mio soggiorno-salotto non c'è spazio per accogliere gli amici.

うちの居間には友達を迎えるためのスペースがない。

17. Non c'è mai spazio per parcheggiare la macchina in centro, perciò preferisco usare il tram.

街の中心には車を停める場所がありません。だから市電を使うほうが好きです。

● 宇宙

18. Lo spazio è sempre più pieno di detriti spaziali detti anche, comunemente, "spazzatura spaziale".

宇宙はスペースデブリ、一般に「宇宙ゴミ」とも呼ばれるものでますます一杯になる。

19. Il sovietico Yuri Gagarin è stato il primo astronauta a volare nello spazio nel 1961.

1961年、ソヴィエトのユーリ・ガガーリンは宇宙空間を飛んだ最初の宇宙飛行士となった。

● 期間

20. Nello spazio di tre mesi ha scritto un libro. Incredibile!

3か月の期間で彼（女）は本を一冊書いた。信じられない！

21. Ha avuto spazio una settimana per decidere se rifiutare o accettare la proposta.

彼（女）は提案を断るか受けるか決めるために1週間の期間を得た。

● 余地、隙、（比喩的な意味での）場所

22. Bisogna dare più spazio alle idee degli studenti nelle scuole.

学校では、生徒の考えをもっと活かす余地を与えるべきだ。

23. I programmi di cucina occupano molto spazio nella televisione giapponese.

料理番組は、日本のテレビで多くの場所を占めている。

関連語

spaziale 形 宇宙の

Il lancio della navicella spaziale è stato rinviato per motivi tecnici.

スペースシャトルの打ち上げは、技術的な理由で延期された。

spazioso 形 広々とした

La camera dell'albergo era spaziosa, luminosa e con una bella vista sul mare.

ホテルの部屋は広々と明るくて、海の素晴らしい眺めが見えた。

比べてみよう！

posto, luogo, spazio

posto は luogo と「（地理的な）場所」という意味で置き換え可能です。

Questo luogo [posto] è molto frequentato tutto l'anno dai turisti.

この場所は、1 年を通して旅行者が非常に多く集まる。

posto は spazio と「空いている場所、空間」という意味で置き換え可能です。

C'è spazio [posto] nella macchina per mettere anche la mia valigia?

車の中に私のスーツケースも入れる場所はありますか？

	空いている場所、空間	地理的な場所
posto	○	○
luogo		○
spazio	○	

operazione/intervento（作業）

こんな意味もあるって知ってた？

〔関連語 operare/ intervenire〕

　　operazione は「作業する」という意味の動詞 operare から来ています。intervento は「介入する」という意味の動詞 intervenire が元になっています。それぞれの動詞の意味を反映した意味の部分に注目しましょう。

operazione　　　　　　　intervento

○ operazione (f)（作業・手術）

● 作業、手続き

1. Non è affatto un'operazione facile fare il bagno alla gattina Fifì.

　　猫のフィフィを水浴びさせることは、まったく簡単な作業ではない。

2. Sono cominciate le operazioni di imbarco dei passeggeri del volo XXX per Roma.

ローマ行き第○○便の乗客の搭乗手続きが開始された。

3. Togliere le erbacce è la prima operazione da fare in questo giardino.

この庭では、草むしりは最初にやらなければならない作業だ。

● 手術

4. Nonostante l'operazione all'ernia del disco, continuo ad avere mal di schiena.

椎間板ヘルニアの手術をしたのに、私の背中の痛みは続いています。

5. Dopo l'operazione alla cataratta ci vedo benissimo.

白内障の手術後は、非常によく見えます。

● 演算、取引

6. Le operazioni di addizione, sottrazione, moltiplicazione e divisione si insegnano alla scuola primaria.

足し算、引き算、かけ算、割り算は小学校で習う。

7. Le operazioni di borsa consistono, in breve, nel vendere e comprare titoli azionari ed obbligazioni.

証券取引とは、端的に言うと、株式や債券を売り買いすることである。

関連語

operare 動 作業する、手術する

Lui è stato operato all'appendicite.

彼は盲腸の手術を受けた。

intervento (m) （介入）

● 介入、仲裁、間に入ること

8. L'intervento di un giornalista con una domanda provocatoria ha fatto arrabbiare l'amministratore delegato (AD).

記者の挑発的な質問による介入は、CEO を怒らせた。

9. L'intervento di Luca ha calmato la lite tra Franco e la sua ragazza.

ルカの仲裁で、フランコとその彼女の言い争いが収まった。

● 出席、参加

10. Gli organizzatori dell'evento sono stati molto contenti per l'intervento di visitatori di tutte le età.

イベントの企画者たちは、あらゆる世代の見学客の参加に、たいへん満足した。

11. Il mancato intervento del sindaco all'inaugurazione della nuova biblioteca comunale ha stupito tutti.

新しい市立図書館の開館式に市長が欠席したことは、みんなを唖然とさせた。

● 手術　=operazione

12. Dopo l'intervento alla gamba, ho dovuto fare tanti esercizi di fisioterapia.

脚の手術の後、私は理学療法の訓練を数多く行わなければならなかった。

13. L'intervento è andato bene e per fortuna il paziente si sta riprendendo rapidamente.

手術は無事に終わって、幸いにも患者は急速に回復しつつあります。

関連語

intervenire 動 介入する、仲裁する、参加する

☞助動詞は essere を取ります。

Allo scoppio dell'incendio sono subito intervenuti i pompieri.

突然発生した火災に対し、すぐに消防士が消火を行った。

volto/ viso/ faccia （顔）

慣用句も合わせて覚えたい！

〔関連語 voltarsi/ visuale/ facciata, facciale〕

　顔を表す表現はこの3つがよく使われます。faccia は口語でよく使われ、volto は正式な表現でよく使われます。もっとも一般的な言い方が viso です。

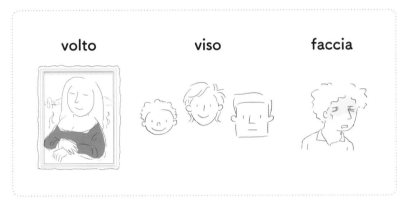

| volto | viso | faccia |

○ volto (m)（顔立ち、表情）

　「顔」を現す言葉としては、芸術や文学など、主に正式な表現で使われます。

● 顔（正式で上品な言い方）

1. Il volto della Gioconda è molto dolce e femminile.

   モナ・リザの顔は、たいへん優しく女性的だ。

2. Quell'attrice ha un volto molto espressivo, anche quando non parla.

   あの女優は、しゃべっていないときも非常に豊かな表情をしている。

3. Molti volti delle madonne, nell'arte religiosa, hanno un'aura particolare.

   宗教芸術において、マドンナの顔立ちの多くは、特徴的な雰囲気を持っている。

● 外見、外面、表に見えるもの、性質

   外面が内面を反映していると言う意味では、「性質」も表します。

4. La realtà ha un solo volto o tanti?

   現実は一面的？それとも多面的？

5. Solo gli amici intimi conoscono il suo vero volto.

   親しい友達だけが彼（女）の正体を知っている。

6. Quella compagnia ha cambiato volto: da conservatrice è diventata moderna e proiettata nel futuro.

   あの会社はイメージを変えた。保守的だったのが、現代的で未来志向になった。

慣用句＆ことわざ

nuovo volto　ニューフェイス、芸能界などでの新人

A quella manifestazione cinematografica è stato premiato un nuovo volto, meravigliando tutti.

あの映画イベントではニューフェイスが受賞して、みんなを驚かせた。

voltarsi 動 振り向く

voltare「〜を（正面に）向ける」の再帰動詞で、「自分自身を向ける→振り向く」です。

Ho visto Luca che camminava davanti a me; l'ho chiamato diverse volte, ma non si è voltato.

ルカが私の前を歩いているのを見た。何度も呼んだが、振り向いてくれなかった。

viso (m)（顔）

身体のパーツとしての「顔」を表す一般的な言葉です。

7. Mi strucco sempre il viso prima di andare a letto.

寝る前はいつも化粧を落とします。

8. Questa crema antirughe per il viso è miracolosa.

このしわ対策用フェイスクリームはてきめんに効く。

9. Questo taglio di capelli è adatto ad un viso ovale.

このヘアカットは、卵形の顔にふさわしい。

10. Mia suocera ha fatto la plastica al viso: sembra ringiovanita di vent'anni!

姑は顔を整形した。20歳は若返ってみえる！

11. Il cuore si rallegra a vedere un viso sorridente.

笑顔を見ると、気持ちが明るくなる。

fare buon viso a cattivo gioco

悪いプレーにもいい顔をする→困難を顔に出さない、平然とする

La mia amica mi ha regalato una sciarpa che le avevo fatto io l'anno scorso. L'ho ringraziata facendo buon viso a cattivo gioco.

友達がスカーフをくれたが、それは去年私が彼女にあげたものだった。私は顔に出さずにお礼を言った。

viso nuovo　初めて見る顔、知らない顔

Non mi sembra un viso nuovo, ma non ricordo dove l'ho visto.

初めて見る顔ではないと思うけど、どこで見たのか思い出せない。

visuale 名 (f) 眺め、視界

☞形容詞としても使われることがあります。

Al cinema davanti a me era seduto un signore molto alto che mi toglieva in parte la visuale dello schermo.

映画館で、私の前にとても背の高い男性が座っていたので、スクリーンが一部見えなかった。

Da quella torre si ha un'ottima visuale della città.

あの塔からは町がとてもよく見える。

Quella videocamera ha una visuale ampia sull'ingresso del palazzo.

あのビデオカメラは、マンション入り口の広い視界をカバーしている。

faccia (f) （顔）

「顔」を表すくだけた言い方で、スラングとしても使われます。多くの慣用表現に登場し、軽蔑的な言い回しやネガティブな意味を持つものもあります。

● 顔（口語的）

12. Ti sei lavato la faccia ed i denti?

   顔を洗って歯を磨いた？

13. Ieri sera Paola ha bevuto un po' troppo e stamattina si è svegliata con la faccia un po' gonfia.

   きのうパオラはちょっと飲み過ぎたので、今朝は起きたとき少し顔が腫 (は) れていた。

● （比喩的に）人でないものの「顔」→ 様子、見た目

☞口語でよく使います。

14. Il salotto con le nuove tende ed il nuovo tappeto ha cambiato faccia.

   新しいカーテンと新しいカーペットで、居間の様子が変わった。

● 会話中でネガティブな意味の表現として使われ、多くは後に ?! を付けます。

15. Che faccia?! Ma cosa ti è successo? Hai visto un fantasma?

   なんて顔してるの？何があったの？お化けでも見たの？（恐怖）

16. Ieri Martina aveva una faccia!
Forse aveva litigato con il capo.

きのうのマルティナの顔といったら！きっと上司と
けんかしたんだろう。（怒り）

17. Mamma mia, Luca, che faccia
hai?! Sei pallido ed hai le occhiaie.
Non hai dormito la notte scorsa o
stai male?

うわ、ルカ、なんて顔してるの？青ざめて目の下に
くまがあるわ。夕べは寝ていないの？それとも具合
が悪いの？（疲れ・病気）

慣用句&ことわざ

faccia を使った慣用句は、口語的なものがほとんどです。

avere la faccia tosta [di bronzo]
厚かましい、面の皮が厚い

硬い顔、または青銅のような顔を持っている→「厚顔無恥である」
「恐れ知らずである」ことを表します。

Il mio ragazzo ha avuto la faccia tosta di ripresentarsi a casa
dopo un mese che era sparito senza dire niente.

私の彼は、何も言わずにいなくなり1ヶ月後に家に姿を見せるくらいに厚かましかった。

a faccia a faccia　直に、さし向かいで
英語のフェイス・トゥ・フェイスと似ています。

Franco mentre usciva dal ristorante si trovò a faccia a faccia
con la sua ex.

フランコがレストランから出るとき、前の彼女とばったり会った。

Martina ha avuto una conversazione a faccia a faccia con Franco.

マルティナはフランコとさし向かいで話した。（この場合、率直に話したという意味を含みます。）

avere due facce　二面性がある

Il capo di Martina sembra avere due facce: una gentilissima con i superiori ed un'altra burbera con i dipendenti.

マルティナの上司は二面性があるようだ。上の者には実に礼儀正しいが、部下には無愛想な面がある。

Questo problema ha due facce come una moneta. Quindi può essere interpretato in due modi.

この問題は、コインのように二つの面を持つ。つまり、2通りに解釈できる。

avere una faccia da funerale

葬式にいるような顔だ→悲しそうだ、落ち込んでいる

Luca ha una faccia da funerale perché cerca Pepe da stamattina e non riesce a trovarlo.

ルカは悲しげな顔をしている。朝からペペを捜しているが見つからないのだ。

関連語

facciata 名 (f)

・ファサード、建物の正面

Al centro della facciata di quella chiesa c'è un mosaico molto bello di un artista sconosciuto.

あの教会のファサードの中央に、無名の芸術家のとても美しいモザイクがある。

・外観、外見

Dietro quella facciata severa si nasconde una persona molto gentile e saggia.

見かけは厳しいけれど、内面はとても優しく賢い人物だ。

facciale 形 顔の

Mio zio ha avuto un intervento di plastica facciale a causa delle ferite al viso riportate dall'incidente.

事故による顔の傷が原因で、叔父は顔面の形成手術を受けた。

possibilità/ probabilità/ occasione/ opportunità

（可能性・確からしさ・機会）

可能性はどのくらい？

〔関連語 possibile/ probabile/ occasionale/ opportunista〕

　possibilità は可能か可能でないかを表します。それに対し、probabilità はどのくらいの割合で起こりえるかを表します。occasione は偶然のチャンスという意味合いが強く、opportunità は「何かをするのにふさわしい機会」を表します。

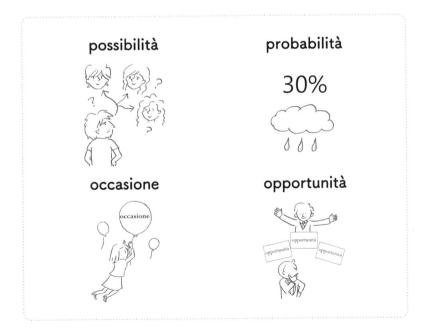

possibilità (f) (可能性)

● 可能性、できうること

possibilità che + 接続法

possibilità di + 名詞 / 不定詞

1. Esiste la possibilità che qualcuno compri il mio appartamento.

   誰かが私のマンションを買ってくれるかもしれない。

2. Ci sono possibilità che il tuo sogno di aprire un caffè si realizzi.

   カフェを開くというあなたの夢が実現する可能性はある。

3. Il preside valutò la possibilità di un viaggio studio in Inghilterra per gli studenti.

   校長は、生徒達のためのイギリスへの修学旅行の可能性を検討した。

4. Con questo lavoro c'è la possibilità di dover lavorare anche i giorni di festa perciò l'ho rifiutato.

   この仕事をすると祝日も働かなくてはいけない可能性があるので、断りました。

● 機会

☞ avere la possibilità di の形でよく使われます。

5. Ho dovuto accompagnare mia madre all'ospedale e purtroppo non ho avuto la possibilità di aiutare la mia amica nel trasloco.

   母を病院に連れて行かなくてはいけなかったので、残念ながら友人の引っ越しを手伝う機会がなかった。

6. Paola, con il suo nuovo lavoro, ha la possibilità di viaggiare all'estero.

パオラは、新しい仕事では外国へ出張する機会がある。

● 力、何かを可能にする力

☞ とくに複数形で使うと、資力や精神力の意味になります。

7. Lui ha la possibilità di decidere di interrompere o cambiare il progetto.

彼は、計画の中断や変更を決める力を持っている。

8. Con le sue possibilità intellettive è un peccato che mio fratello non continui a studiare.

弟は理解力があるのに、勉強を続けないのは残念だ。

9. Non posso comprare questa macchina: è troppo cara; supera le mie possibilità economiche.

この車は買えない。高すぎて、私の経済力を越えてしまう。

[関連語]

possibile 形 可能な、ありうる

È possibile [C'è la possibilità] che domani piova.

明日は雨が降るかもしれない。

・会話では、驚き、失望、非難を表します。

Non è ancora tornata a quest'ora?

Possibile?

この時間にまだ帰っていないって？　マジで？(驚き、心配)

Com'è possibile che sia di nuovo
sciopero!

またストライキなんて、ウソだろ！(失望、怒り)

È mai possibile che debba sempre
pulire da sola?! Aiutatemi qualche
volta!

わたしだけがいつも掃除をしなくちゃいけないなんて、
ありえない！ときときは手伝いなさい！(怒り)

これらの表現はどれも同じような意味を表しますが強さが違います。

より強い表現

Possibile? < Com'è possibile? < È mai possibile?

マジで？　　　ウソでしょ？　　ありえない！

○ **probabilità (f)** （確からしさ・確率）

● ある事柄が起こり得る度合い、確からしさ、確率

probabilità che + 接続法

probabilità di + 名詞 / 不定詞

10. Le probabilità di vincere alla lotteria sono scarsissime.

くじに当たる確率はほんのわずかだ。

11. C'è il 70% di probabilità di neve domani.

明日の雪の可能性は 70%だ。

12. Non ho studiato affatto e perciò ho pochissime probabilità di passare l'esame.

ぜんぜん勉強しなかったので、試験に受かる見込みはほぼない。

13. C'è una probabilità su due che lei partorisca dei gemelli.

彼女が双子を出産する確率は二分の一だ。

con tutta probabilità　高確率で、十中八九

Mi scusi, con tutta probabilità si tratta di un nostro errore.

申し訳ありません、おそらくほぼ、こちらの過失です。

probabile 形 起こり得る、おそらくそうである

Si prevede un probabile cambiamento del nome della nostra azienda.

当社の名称変更もあり得ると考えております。

Oggi non è venuto a scuola? È probabile [C'è la probabilità] che abbia preso il raffreddore, perché ieri ha starnutito per tutta la lezione.

彼は今日学校に来ていないの？たぶん風邪を引いたんでしょう、きのうは授業中ずっとくしゃみをしていたから。

77

さらに深く！

possibilità と probabilità

"Ci sono possibilità?"「可能性はありますか？」に対する答えは、常に "sì" o "no"「はい」または「いいえ」です。possibilità は 1000 分の 1 でも起こる可能性があれば「ある」と言えるのです。それに対して、probabilità の場合は "Che probabilità ci sono? "「どのくらいの確率がありますか」という問いになり、答えは％などの割合や poche, molte「少ない・多い」で表します。

possibilità と probabilità を使った会話です。

-Secondo Lei, signor Ministro, c'è la possibilità di tornare a votare?

首相、あなたの見解では、再び選挙になる可能性はありますか？

-Sì, penso che sia possibile, pressappoco il 50% di probabilità, direi.

はい、可能性はあります。だいたい 50％の確率でしょう。

occasione (f)（機会・チャンス・きっかけ）

機会、チャンス、タイミング

14. Lavorare in quella compagnia è un'occasione che non posso rifiutare.

あの会社で働くことは、拒めないチャンスだ。

15. Franco ha perso un'ottima occasione per fare carriera perché ha rifiutato di trasferirsi in un'altra città.

フランコは昇進する最高の機会を失った。他の町への転勤を断ったからだ。

16. In Italia, il Natale è un'occasione per ritrovarsi con tutti i parenti.

イタリアでは、クリスマスは親戚一同が集まるのにちょうどいいタイミングです。

● 口実、きっかけ

17. I suoi continui ritardi al lavoro hanno dato occasione al direttore di licenziarlo.

彼が仕事に遅刻し続けたことは、上司に彼をクビにするきっかけを与えた。

18. Mia nuora è un tipo molto collerico e cerca sempre occasioni per litigare.

うちの嫁はとても怒りっぽいタイプで、いつも言い争いの口実を探しているのよ。

● バーゲン品、掘り出し物

19. Questa coperta è stata una vera occasione: l'ho comprata a metà prezzo.

この毛布はほんとにいい掘り出し物だった。半額で買ったの。

20. In quel negozio, oggi, ci sono delle occasioni speciali e perciò c'è una lunga fila.

あの店では、今日、特別なバーゲン品があるので、長い行列ができている。

all'occasione　必要なら

Luca sembra pigro ma all'occasione sa essere molto energico.

ルカは怠け者に見えるが、必要な時はとてもやる気を出せる。

in occasione di　〜の際に

In occasione della sua laurea, Luca ha organizzato una festa a casa con gli amici più intimi.

ルカは卒業の際に、親しい友達とのホーム・パーティーを企画した。

prendere l'occasione al volo　すばやくチャンスをつかむ

Una ragazza alla festa ha chiesto a Franco l'ora e lui ha preso l'occasione al volo per conoscerla.

パーティーで、ある女の子が、フランコに時間を訊いた。彼はその娘と知り合いになる機会を逃さなかった。

occasionale 形 偶然の、たまたまの

Spesso in viaggio mi capita di fare incontri occasionali con persone interessanti.

旅行ではよく、興味深い人々と偶然の出会いをすることがあります。

opportunità (f)（機会）

● ちょうどいい機会

☞この意味では occasione と possibilità の同義語です。

21. Paola con la sua attività di volontariato ha l'opportunità di aiutare tante persone che ne hanno bisogno.

パオラは、ボランティア活動で、助けを必要とする多くの人を助ける機会がある。

22. Al convegno sullo spreco alimentare ho avuto l'opportunità di scambiare idee con tante persone.

フード・ロスについての会議で、私はたくさんの人たちと意見を交わす機会を得ました。

23. Questo lavoro dà molte opportunità di parlare le lingue straniere.

この仕事は、外国語を話す機会を多く与えてくれる。

24. La legge stabilisce che uomini e donne debbano avere pari opportunità sul lavoro.

法律は、男女が労働において機会均等でなければならないことを定めている。

※ pari opportunità: 機会均等

● 適切であること、時宜（ふさわしい時節）

25. Il chirurgo sta valutando l'opportunità o meno di un intervento.

外科医は、手術をするのが適切かどうか検討している。

26. Stiamo esaminando l'opportunità di una visita in una nostra fabbrica in Vietnam.

ヴェトナムにある我が社の工場を訪問する時宜を検討しているところです。

opportunista 名 (m/f)

ご都合主義者、チャンスに乗じる人

Diffido di lui perché mi sembra un opportunista e quindi poco sincero.

彼を信じていません。ご都合主義者だからあまり誠実ではないと思うので。

接頭語・接尾語

idro-/ multi-/ mono-/ termo-/ -teca/ -fono/ -scopio

覚えておくとお得な単語のパーツ

　接頭語や接尾語は覚えておくと単語の意味を推測するのにも役立ちます。ここでは一見意味が取りにくい、ギリシャ語由来の接頭語・接尾語を中心に集めました。

○ idro- （水の）

　ギリシャ語から派生した接頭語で、「水」を表し、水に関係する単語を作ります。名詞だけでなく、様々な品詞に使われています。

idrogeno (m) 水素

1. L'idrogeno è un componente chimico dell'acqua.

   水素は水の化学的な構成分子だ。

idromassaggio (m)

水流マッサージ （idro 水 + massaggio マッサージ）

2. Alla palestra dove vado c'è anche la vasca per l'idromassaggio.

   私が行っているスポーツジムには、水流マッサージの浴槽もある。

idroterapia (f) ハイドロセラピー（idro 水 + terapia 療法）

3. L'idroterapia è un tipo di cura in cui si fa uso di acqua normale o termale a diversa temperatura e pressione.

ハイドロセラピーは様々な温度と水圧の通常水または温泉水を使う一種の療法である。

idraulico 名 (m) 配管工、水道修理業者　形 水力の、水流の

4. Mamma, il rubinetto in cucina perde da diversi giorni. Hai chiamato l'idraulico?

母さん、キッチンの蛇口が何日も前から水漏れしてるよ。配管工は呼んだ？

5. Lui si è laureato in ingegneria idraulica.

彼は水工学科を卒業した。

multi- (多くの)

ラテン語の multus から来ており、「多くある」という意味を持ちます。

multinazionale 名 (f) 形
多国籍（の）（multi 多くの + nazionale 国の）

6. Le multinazionali sono imprese grandissime con sede in un solo paese, ma filiali in tutto il mondo.

多国籍企業とは、一国だけに拠点があるが、世界中に支部を持つ巨大な企業のことである。

multiculturalismo (m) 多文化主義（multi 多くの + culture 文化）

7. Il multiculturalismo è una politica che cerca di far convivere culture diverse in uno stesso paese.

多文化主義とは、一つの国に異なる文化を共存させるような政策のことである。

mono- （単一の）

　ギリシャ語の「単」を意味する言葉から派生し、「単一の」という意味を表します。

monologo (m)
モノローグ、独り言（ギリシャ語で mono 単一の + logo 話すこと）

8.　I monologhi di Amleto di Shakespeare sono molto famosi.

　　シェークスピアのハムレットの独白は、たいへん有名である。

monolocale (m)
ワンルームのマンション / アパート（mono ひとつの + locale 部屋）

9.　Cerco un monolocale economico vicino all'università.

　　私は大学の近くの安いワンルームを探しています。

monotonia (f) 単調なこと（mono 単一の + tono 調子）

10. Per rompere la monotonia del lavoro, Paola durante la pausa pranzo va al parco vicino all'ufficio: corre un po' e fa qualche esercizio di yoga.

　　仕事の単調さを破るため、パオラは昼休みにオフィス近くの公園へ行く。少し走ってヨガのエクササイズをするのだ。

termo- （熱）

ギリシャ語で「熱」を表します。温度や熱に関係する単語に使われます。

termometro (m) 温度計 （termo 熱 + metron 計測）

11. Vorrei misurare la febbre al bambino. Dov'è il termometro?

   こどもの熱を測りたいのだけと。温度計はどこにあるの。

termosifone (m) 暖房装置 （termo 熱 + sifon ギリシャ語で管）

12. La gattina Fifì è freddolosa ed in inverno non si muove da vicino al termosifone.

   猫のフィフィは寒がりなので、冬は暖房のそばから動かない。

termos (m) 魔法びん

13. In Giappone ci sono tanti termos carini di vari tipi.

   日本には、様々なタイプのかわいい魔法びんがたくさんある。

-teca （保管場所）

ギリシャ語の théki から来ており、「置き場所、倉庫、保管」を表します。

biblioteca (f)

図書館 （biblion 本 + teca 保管場所）

14. Quando Luca va in biblioteca si addormenta sui libri.

ルカは図書館に行くと、本を枕に眠ってしまう。

discoteca (f) ディスコ / クラブ

ディスク（レコード、音楽を録音したもの）を収集してある場所のことで、音楽を流して踊る場所を指します。

15. Paola incontra alcuni amici in discoteca per ballare la salsa.

パオラはサルサを踊るためにクラブで友達と会う。

enoteca (f) ワイン貯蔵庫、ワイン販売所（oinos ワイン + teca 貯蔵庫）

16. Vicino (a) casa mia c'è un'enoteca dove oltre che comprare il vino, si può anche gustarlo insieme a piatti buonissimi.

うちの近くにワイン販売所があるんだ。ワインを買えるだけでなく、とてもおいしい料理といっしょに試飲もできるよ。

○ -fono (音)

ギリシャ語で「音、声」を表します。

telefono (m) 電話（tele 遠い + fono 音）

17. Lo squillo del telefono quando sono concentrata a lavorare mi dà molto fastidio.

仕事に集中しているとき、電話の着信音にはイライラしちゃう。

microfono (m) マイク（micro 小さい + fono 音）

18. Il microfono era difettoso e faceva strani rumori quando il conduttore parlava.

マイクの調子が悪かったので、司会者が話していたとき雑音がしていた。

megafono (m) メガフォン（mega 大きい + fono 音）

19. Un poliziotto con un megafono gridava alla gente di stare lontana dal palazzo in fiamme.

警官がメガフォンで、燃えさかるビルから離れるよう、人々に叫んでいた。

○ -scopio（観察するための道具）

「見る、観察する道具」という意味です。

microscopio (m) 顕微鏡（micro 小さい + scopio 見る）

20. A mio nipote per il suo compleanno ho regalato un microscopio.

甥の誕生日に、顕微鏡を贈りました。

telescopio (m) 望遠鏡（tele 遠い + scopio 見る）

21. Sul terrazzo c'è un telescopio che possono usare tutti gli abitanti del palazzo.

テラスに望遠鏡があって、建物の住人はみんな使うことができます。

caleidoscopio (m)

万華鏡（kalos 美しい + scopio 見る）

22. Guardare in un caleidoscopio è come tuffarsi in un mare di colori.

万華鏡を覗くことは、色彩の海へ飛び込むようなものだ。

第 **4** 章

会話でよく使われる 表現

espressioni enfatiche

この章の表現は主に親しい者同士の会話で使われ、発言を強める働きをしたり、驚き・疑い・恐れ・喜びなどを表す働きをしたりします。これらの会話表現はイタリアの文化や性質と結びついているので、ぴったりな日本語を探すのは難しい場合があります。日本語の強調表現はイタリア語に比べると少ないからです。

日本語では不自然に見えたり大げさだったりする表現でも、イタリア人同士なら自然で、会話をイキイキとさせます。

実際の使い方は、会話をしていく中で覚えていくのが一番です。

これらの表現を使って話すときは、イントネーションが非常に大切です。録音の音声をよく聞いてみてください。

定番表現だけど、ぴったりのシチュエーションは？

accidenti!/ peccato, che peccato!/ magari/ (ma)dai

なんてこった！・残念！・だといいな・ねえ

A teatro con Franco e Martina フランコとマルティナ ― 劇場で ―

F. : Allora, eccoci qui. Ti do i biglietti, tu scendi pure che io parcheggio un attimo la macchina...**Accidenti!** Li ho dimenticati a casa!

M. : Cosa?

F. : I biglietti! **Dai**, tu aspetta qui. Io torno a casa a prenderli.

M. : Ma così ci perderemo l'inizio dello spettacolo!

F. : È un **peccato**, lo so. **Magari**, tu vai al botteghino e spieghi la situazione così, almeno ci faranno entrare anche a spettacolo iniziato.

M. : O.K.! Fa presto, però, mi raccomando!

フランコ ：さあ、着いたよ。チケットを渡すから君は降りて。僕はちょっと車を停めてくるから…なんてこった！家に忘れてきた！

マルティナ：何を？

フランコ　：チケットだよ！ねえ、君はここで待っていて。僕は取りに戻るよ。

マルティナ：でもそれだとお芝居の最初を見逃してしまうわ。

フランコ　：わかってるよ。残念だ。なんなら、君がチケット売り場に行ってこの状況を
　　　　　　説明すれば、少なくとも、始まったお芝居でも入れてくれるだろう。

マルティナ：わかった！さあ急いで、お願い！

登場した会話表現

○ accidenti!

● なんてこった、ちくしょう！

驚き、怒り、不快な気持ちを表します。

1. **Accidenti!** Ho dimenticato i biglietti!

   ちくしょう、チケットを忘れちまった！（不快）

2. **Accidenti!** Quanto è caro qui!

   おやまあ、ここはなんて高いの！（驚き）

3. **Accidenti!** Si sposti signore! Non vede che blocca l'uscita con le valige!

   おい、どいてくれ！かばんで出口をふさいでるのがわからないのか！（怒り）

○ peccato/che peccato!

● **peccato**　残念なこと

4. E lo so, è un **peccato**.

   わかってるよ。残念だ。

● **essere (un) peccato + 不定詞**　〜するのは残念だ

essere (un) peccato + 接続法の節　〜は残念だ

☞ 3 人称単数の形でしか使いません。

5. È un peccato perdersi l'inizio dello spettacolo, fa presto!

　ショーの最初を見逃すのは残念だ、急いで！

6. È un peccato che Franco si sia dimenticato i biglietti a casa.

　フランコがチケットを家に忘れたのは残念だ。

● **che peccato!**　なんて残念なんだ！

☞ 名詞や形容詞の前に che をつけると強調を表します。peccato だ けより強い意味になります。

7. Ha cominciato a piovere e Franco è senza ombrello? Che peccato! Si bagnerà!

　雨が降ってきたけど、フランコは傘を持っていないの？残念だわ！濡れちゃうわよ！

8. Purtroppo lei deve fare lo straordinario e non può andare a teatro con Franco. Che peccato!

　あいにく、彼女は残業をしなくてはいけないので、フランコと一緒に劇場に行けない。 なんて残念なんだ！

magari

ギリシャ語の makàrie「幸せな」から来ています。「そうなったらう れしい」という意味を表します。

● （単独で返事で使うとき）そうだといいな！　できれば！

9. - Ci sediamo qui e prendiamo qualcosa di fresco?

　　- Magari!

　　ここに座ってなにか冷たいものを飲もうか？
　　いいかもね！

10. - Ti aiuto a spostare il divano?

　　- Magari!

　　ソファを動かすのを手伝おうか？
　　そうしてくれるとうれしいな！

● magari + 接続法半過去の節

☞仮定法として様々な意味を表します。

～だったらいいなあ

11. Magari potessi avere vent'anni!

　　私が二十歳だったらいいのになあ。（=se avessi vent'anni sarei felice. もし私が二十歳
　　だったらうれしいのに。）

～だとしても

☞ anche se と同じ意味ですがより強い表現です。

12. Andrò in Italia magari dovessi spendere tutti i risparmi!

　　イタリアに行こう、貯金を全部使い果たすことになったとしても！

● もし必要なら、なんなら、できれば

13. Magari tu vai al botteghino e spieghi la situazione.

　　なんなら君がチケット売り場に行ってこの状況を説明するんだ。

14. Magari chiamami quando stai per tornare al teatro.

　　できれば、劇場に戻るときに電話してね。

● おそらく、もしかして、たぶん

15. Franco non risponde, magari ha il cellulare spento.

フランコは電話に出ない。もしかして、スマホの電源を切ってるのかも。

16. C'è molto traffico, magari faccio prima a piedi che con la macchina.

渋滞してる。もしかして、車より歩く方が早いかも。

● そんなことよりむしろ

（=piuttosto ☞ p.216）

17. - Ecco siamo arrivati.

- Eh, qui?! Magari dormo fuori, all'aperto, e non in questo albergo così sporco!

さあ、着いたよ。
ここなの？むしろ外で寝る方がましだわ、この汚いホテルで寝るくらいなら！

○ (ma) dai

後に来る文を強調したいときに使います。dare の2人称単数命令形でしか使いません。

● ねえ、頼むから、お願いだから

（うながし、誘い、軽い非難）

18. Dai, tu aspetta qui che torno a casa a prendere i biglietti.

ねえ、君はここで待っていて。僕は家へチケットを取りに戻るよ。

19. **Dai**, non ti deprimere! Prima o poi il tuo capo, riconoscerà i tuoi sforzi.

頼むから、落ち込むなよ！そのうち君の上司も、君の努力を認めるだろうさ。

20. **Dai**, fa presto! Ci stanno aspettando!

お願い、急いで！みんな私たちを待ってるのよ！

● まさか（信じられない気持ち）

21. Martina e Franco insieme?! **Ma dai**, non ci credo!

マルティナとフランコがつきあってるの？　まさか、信じられない！

22. Luca vuole andare a vivere in campagna? **Ma dai**, non è vero! Chi te l'ha detto?

ルカが田舎に行って住みたがっているって？　まさか、ウソでしょ！誰から聞いたの？

ニュアンスを知って使いたい！

mica/ anzi/ invece/ addirittura

少しも〜ない・むしろ・〜までも・逆に

Con Franco e Martina dopo lo spettacolo
フランコとマルティナ ― お芝居の後で ―

F. : Allora, Martina, non ti sei **mica** annoiata?

M. : No, **anzi**, mi è piaciuto
molto. E poi l'attore
principale, secondo me,
ha davvero un fascino
carismatico. Me ne sono
innamorata!

F. : **Addirittura!** Tu innamorata così facilmente? Io, **invece**,
ho apprezzato di più la storia, drammatica sì, ma anche
ironica e poi la fine così a sorpresa.

M. : E sai, sembra che il regista abbia solo venticinque anni.

F. : Eh, davvero?!

フランコ ：それで、マルティナ、もしかして、退屈したりしてなかったよね？
マルティナ：うん。それどころか、すごく気に入ったよ。それに主演俳優は、実にカリス
マ的魅力があると思う。惚れちゃったわ！

フランコ　：そこまで！君がそんなに簡単に惚れたって？僕はそれよりストーリーの方が
　　　　　　よかったな。ドラマティックで、でも皮肉もあって、それに最後はびっくりす
　　　　　　る終わり方だった。

マルティナ：それに、知ってる？演出家はまだ 25 歳らしいよ。

フランコ　：え、マジで？

○ mica

否定文・疑問文で使います。基本的な意味は「もしかして」です。
疑問文では「それほど〜ないよね？」という肯定の返事を期待して
いるニュアンスになります。

● それほど　そんなには　もしかして

1. Allora, Martina, non ti sei *mica* annoiata?

   それで、マルティナ、もしかして、退屈したりしてなかったよね？（退屈していない
   ことを期待しています）

Non sei mica arrabbiata?

2. Non sei *mica* arrabbiata per quello
   che ti ho detto?

   僕が言ったことに対して、君はそんなに怒ってない
   よね？

3. *Mica* hai visto Fifì?

   もしかして、君はフィフィを見かけていないよね？

● ぜんぜん（悪く）ない　（好ましい判断）

4. (Non è stato) *Mica* male lo spettacolo!

   お芝居はぜんぜん悪くなかったよ！

5. (Non è) Mica brutto il posto! Peccato che sia rumoroso!

    まあ、場所は悪くないよね。うるさいのが残念だけど。

注意

動詞の前か後に入れます。

▶動詞の後に来るときは non が必要です。

Non sono mica tanto ingenua!

私はそれほど純情じゃないよ!

▶動詞の前に来るときは non は付けません。

Mica sono tanto ingenua!

◦ anzi

anzi はもともとは「前」という意味で、ラテン語の ante から来ています。さらに、「反対に」「むしろ」という意味にもなります。

● それどころか（前文の否定文に対してさらに強める）

6. No, anzi, mi è piaciuto molto.

    いや、それどころか、すごく気に入ったよ。

> anzi の後は省略することもあります。

7. La mia casa? No, non è affatto grande, anzi (è molto piccola).

    私の家?ぜんぜん大きくないよ。それどころか(とても小さいんだ)。

● **というより、むしろ**

（前文で言ったことを言い直してさらに強める）

8. Quel film? Non è male, anzi.

あの映画？悪くない、いいよ！

9. Devo uscire tra poco, anzi subito!

私、もうすぐ出かけなくては。いや、今すぐ！

10. Parla forte, anzi fortissimo!

大きな声で話してくれ。というよりもっともっと大きな声で！

慣用句&ことわざ

poc'anzi　今さっき、いましがた　=poco prima

No, non ho fame; ho finito di cenare poc'anzi.

いえ、お腹は空いていません。今さっき夕飯を食べ終わったばかりです。

invece

● **逆に、それより**（対立、比較）

11. Io, invece, ho apprezzato di più la storia.

僕はそれよりストーリーの方がよかったな。

12. Pensavo che fosse già uscito, invece è ancora a casa.

もう彼は出かけたと思ったけれど、まだ家にいます。

注意

anzi と invece

「対立・比較」の意味の場合、前の文が肯定文のときは invece を使い、anzi は使えません。前の文が否定文のときは anzi も invece も使えますが、強調したい場合は anzi の方が好まれます。

Lui non è andato in vacanza al mare, invece, è rimasto in città.

▶強調度低い

彼は海へバカンスには行かず、町に残った。

Lui non è andato in vacanza al mare, anzi, è rimasto in città.

▶強調度強い

彼は海へバカンスに行くところか、町に残った。

例 彼は海へバカンスには行こうと思っていたが、町に残った。

○ Lui pensava di andare in vacanza al mare, invece è rimasto in città.

× Lui pensava di andare in vacanza al mare, anzi è rimasto in città.

▶前の文が肯定文なので anzi は使いません。

● invece di + 不定詞　　〜する代わりに、〜しないで

13. **Invece di** giocare, studia!

遊んでないで勉強しなさい！

● invece di + 名詞　〜の代わりに

14. Prendi questa mela invece di quella: è più matura.

> あのリンゴではなく、このリンゴを取りなさい。こっちの方が熟しているから。

○ addirittura

● それほどまで、そこまで、マジで！

相手の言ったことに対する驚きや困惑を表します。(ma) dai と似ています。

15. Addirittura! Tu innamorata così facilmente?

> マジで！君がそんなに簡単に惚れたって？

16. - Sai, per far riparare la macchina mi hanno chiesto 500 euro.

　　- Addirittura!

> それがね、車を修理するのに 500 ユーロも請求してきたんだ。
> マジで！

● 〜さえ、〜にいたるまで

17. Paola conserva tutto, addirittura i suoi disegni dell'asilo.

> パオラはなんでも取っておく。幼稚園のときの絵にいたるまで。

18. Lui sembra che parli addirittura una decina di lingue.

> 彼は 10 ヵ国語ぐらいも話すらしいよ。

会話に意味を添える注意したい表現

quasi quasi/ appena appena

ほぼ・やっと

Con Franco e Martina prima di darsi la buonanotte
フランコとマルティナ ― おやすみなさいを言う前に ―

F. : Hai fame? Mangiamo qualcosa?

M. : Ma se sono le undici? I
pochi ristoranti aperti
stanno per chiudere!

Appena appena..

F. : Allora, **quasi quasi**
torniamo, che dici? Mi
sembri un po' stanca.

M. : Ma, **appena appena**.

F. : Allora, senti, torniamo a casa e domani, domenica, ti
invito a cena da me. Cucino io. Che ne dici?

M. : Tu sai cucinare?! Stasera sei una scoperta per me! Sì, certo,
accetto.

- -

フランコ　　：お腹空いてる？なにか食べようか？

マルティナ：でも11時なのに？開いている数少ないレストランもそろそろ閉店でしょ。

フランコ ：じゃあ、そろそろ帰ることにしようか、どう？　君はちょっと疲れているみたいだね。

マルティナ：ちょっとだけどね。

フランコ ：じゃあ、今日は家に帰るとして、明日の日曜はうちの夕食に招待しよう。僕が料理するよ。どう？

マルティナ：料理出来るの！？今夜はあなたについて新たな発見ね。ええもちろん、OK よ。

登場した会話表現

quasi quasi

quasi には「ほぼ」の意味があり、quasi quasi にすると「ほぼ〜をする気持ちになっている」という意味を表します。繰り返すことで「気持ちがより傾いていること」が強調されます。

● 〜しようかな、 そろそろ

1. È tardi. Quasi quasi, torniamo, che dici?

   もう遅い。そろそろ帰ることにしようか、どう？

2. Sono a dieta, ma, quasi quasi proverei un pochino di quel dolce, mi sembra buonissimo!

   私はダイエットしてるの。でもあのデザートはほんのちょっと食べちゃおうかな。すごくおいしそうなんだもの！

● quasi quasi + 動詞の半過去 =stare の半過去 + 不定詞
ほぼ〜しようとしているところだった

3. Ieri sera quasi quasi perdevo l'ultimo treno per tornare a casa.

   昨日は家に帰る最終電車を逃すところだった。

4. Con questi tacchi così alti quasi quasi cadevo! Non li metterò più!

こんなに高いヒールで、もう少しで転びそうだった！もう履かないわ！

appena appena

● かろうじて、ほんの少ししか〜ない
ちょっとだけ

ネガティブな意味の形容詞とともに使い、「たいしたことない」という意味を表します。

5. Sono appena appena stanca anche se ho lavorato continuamente tutto il giorno.

一日中続けて働いたけど、たいして疲れていないよ。（ほんの少ししか疲れていない）

6. Quando il signor Tanaka parla italiano si sente appena appena l'accento giapponese. È bravissimo!

田中氏がイタリア語を話すとき、日本語のアクセントはほぼ感じない。とても上手だ。

● やっとのことで、ギリギリで

7. Ho superato appena appena l'esame per diventare guida turistica.

やっとのことで、通訳案内士になるための試験に受かった。

8. Franco è arrivato appena appena in tempo per l'inizio dello spettacolo.

フランコは、お芝居の最初にギリギリで間に合った。

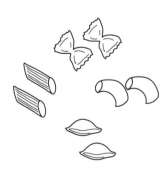

ぜんぜん知らなかった？まさか！

figurati/ figuriamoci など / macché

どういたしまして、とんでもない・まさか

cena da Franco 夕食、フランコの家で

M. : Che buon profumino! Che stai preparando? Vuoi una mano?

F. : No, no, sta comoda! Ho finito! Allora ti sei riposata oggi?

M. : Sì, certo! **Figurati** che ho dormito fino a mezzogiorno; io che, anche la domenica, mi sveglio alle sei!

F. : Sìì? Forse eri davvero stanca. A proposito, a lavoro va meglio adesso?

M. : **Macché!** Pensa che il mio capo mi ha chiesto di rifare il progetto e me lo dice adesso dopo un mese e prima delle vacanze estive! Ma, basta, oggi non voglio parlare di lavoro. Mangiamo?

F. : Giusto! Allora brindiamo? Brindiamo al futuro........al nostro futuro.......al nostro futuro insieme?

M. : EH?!

マルティナ ：わあ、いい香り！なにを作っているの？手伝おうか？

フランコ　 ：いや、ゆっくりしていて！もう終わったよ。で、君は今日はゆっくり休めたの？

マルティナ ：もちろん！だってお昼まで寝たのよ。日曜だって6時に目覚める私が。

フランコ　 ：そうなの？きっと君はほんとうに疲れていたんだよ。そういえば、仕事の方は今はうまく行ってるの？

マルティナ ：ぜんぜん！上司にプロジェクトをやり直すように言われたの。ひと月も経った今になって言うのよ！しかも夏のバカンス前に。でもやめましょう、今日は仕事の話はしたくないの。いただきましょう！

フランコ　 ：その通りだよ！じゃあ、乾杯しようか。未来に乾杯…僕らの未来に…僕ら二人の未来に？

マルティナ ：え？！

登場した会話表現

○ figurati/ figuriamoci/ figuratevi/ Si figuri

動詞 figurarsi「想像する」の命令形です。先に言ったことに対して裏付けとなることを付け足します。

直訳は、「想像してみて」という意味で、「(〜ということを) 考えてみて」、「(〜ということを) 想像してみれば当然でしょ」というニュアンスになります。

☞ Si figuri は Lei への命令形で、丁寧な言い方です。figuratevi は丁寧な言い方でも親しい言い方でも使います。

● （想像してみて、）当然でしょ！

1. Sì, mi sono riposata tanto. Figurati che ho dormito fino a mezzogiorno!

   うん、よく休んだわ。だってお昼まで寝たのよ！

2. Se sono felice? Figuratevi, certo!

   私が幸せかって？　わかるでしょ、もちろんよ！

● まさか！　とんでもない！

☞質問に対する答えとして、否定の意味でよく使われます。

3. Chi? Martina? Dorme ancora? Figuriamoci! Si alza alle sei anche quando non va in ufficio!

   だれが？マルティナが？まだ寝ているって？まさか！オフィスに行かないときだって6時に起きるのに。

4. Eh!? Esco con questa gonna così corta? Ma figurati!

   え！？私がこんなに短いスカートで出かけるって？まさか！

● どういたしまして、ぜんぜん！
   （感謝や謝罪の言葉に対して）

5. - Paola, grazie per avermi aiutato con i bambini!

   - Ma figurati! È stato un piacere.

   パオラ、こどものことで手を貸してくれてありがとう。
   とんでもない！どういたしまして。

6. - Scusi per il disturbo!

   - Ma no, Si figuri!

   お邪魔してすみません。
   いえ、とんでもないです！

7. - Scusi se abbiamo sporcato di vino la tovaglia!

　 - Figuratevi, signori!

すみません、ワインでテーブルクロスを汚してしまいました。
ぜんぜん、大丈夫ですよ！

○ macché

ぜんぜん、まさか、とんでもないの意味で使い、反対や否定の意
を表します。

☞親しい間でのみ使います。

● まさか

8. - Piangi?

　 - Macché! Mi è caduta solo una ciglia nell'occhio.

泣いているの？
まさか！目にまつげがはいっただけだよ。

● ～なんて！

macché ＋名詞

macché ＋節

9. - Andiamo in pizzeria per festeggiare?

   - Macché pizzeria! Andiamo in un ristorante di lusso
   questa volta!

   お祝いするのにピザ屋に行こうか？
   ピザ屋なんて！今回は高級レストランに行こうよ！

10. - Torniamo a casa?

   - Macché torniamo! Il divertimento è appena cominciato!

   家に帰ろうか？
   家に帰るなんて！楽しみは始まったばかりよ！

Riassumiamo!

イタリア語での否定の強調表現の強さを図にしてみました。基本的に日本語より「おおげさ」だと思ってください。

より強い表現

Appena (appena).
  Quasi quasi.　　　　　No.　　　　No, figurati!　　　Macché!

そんなに～ない　　　　いいえ　　　　ぜんぜん！　　　まさか！

著者紹介

Anna Esposito（アンナ・エスポジト）

▶ナポリ生まれ。ナポリ東洋大学日本・中国文学科卒業。1988年より日伊学院講師。現在、イタリア文化会館東京講師、東京日伊協会講師も兼任。1995年、実用イタリア語検定制度設立にあたり検定委員を務める。著作に『使えるイキイキ　イタリア語』（学習研究社）、日伊学院教科書など。教授法開発・オリジナル教材作成に邁進。在日30年以上。

武田 明子（たけだ・あきこ）

▶東京生まれ。早稲田大学第一文学部卒業。
イタリア語の翻訳・指導をする傍ら、語学関係のイラストを描く。
また、苦心の末イタリア語検定1級、英検1級を取った語学学習者としての経験を生かし、効率的外国語 / 国語習得法について研究中。学生へのリーディング・音読指導などを実践しながら、次の世代を育てている。現在「九段アカデミー」にてイタリア語読解、「橋塾」にて英語リーディング等を指導中。

◉── 本文イラスト	武田明子
◉── 収録音声	約161分 Anna Esposito Giovanni Rainoldi
◉── カバー・本文デザイン	ISSIKI

［音声 DL 付］イタリア語 基本単語使い分けブック

2020年1月25日　　　初版発行

著者	Anna Esposito　武田 明子
発行者	内田 真介
発行・発売	ベレ出版 〒162-0832　東京都新宿区岩戸町12 レベッカビル TEL.03-5225-4790 FAX.03-5225-4795 ホームページ　http://www.beret.co.jp/
印刷	三松堂印刷株式会社
製本	根本製本株式会社

ISBN 978-4-86064-604-2 C2087　　　　　　　　　　　　　　編集担当　大石裕子